〈ゴータマ〉の大予言

みんなが「わたしの人生」を生きるために

Hiro Sachiya

ひろさちや

佼成出版社

【編集部注】

本書は二〇二二年四月に亡くなった筆者の仕事場から発見された書き下ろし原稿のひとつを単行本にしたものです。その原稿は、おそらく二〇〇九年から二〇一〇年ころにかけて書き綴られたものと思われます。そのため、本稿執筆当時と現在とでは政治・経済・社会の状況が変わっていますが、筆者が読者の方々へ伝えようとしたのは、これまでの著作同様、時代を超えた普遍的な仏教思想に基づくものであると考え、著作権者の同意を得た上で、ここに発刊した次第です。

目次

第Ⅰ部　ゴータマの大予言——これからの日本——

第Ⅱ部　ゴータマの大提言――あなたの生き方――

装丁／福田和雄（FUKUDA DESIGN）

第Ⅰ部　ゴータマの大予言

——これからの日本——

前口上

ちょっとした昔の話であるが、インドにはMGD財閥とKSL財閥の二大財閥があり、互いに覇を競っていた。

歴史の展開を先取りして述べると、MGD財閥のほうが競争に勝ち、最後にはKSL財閥を併合してしまうのだが、このときはまだKSL財閥も勢力を保ち、MGD財閥と拮抗《きっこう》していた時代である。

MGD財閥の会長は、ある日、街角で一人の青年に出逢った。出逢ったといっても、たんに擦《す》れ違っただけであるが、会長は青年が発する不思議なオーラに打たれ、呼びとめて会話をした。

青年は、名をゴータマといった。インドの言葉で「最上の牛」を意味する名前である。会長はわずか数分間話しただけで、この青年の魅力に取り憑《つ》かれ、青年をホテルの喫茶室に誘って二、三時間も話し込んだ。

そしてついに、この青年をMGD財閥の取締役に迎えようと決意し、青年に意嚮《いこう》を告げ

た。自分が持っているMGD財閥の株の半分を譲るという破格の条件が提示された。誰かその会談を傍聴する者がいれば、きっと、

「会長は発狂した」

と評したに違いない。見ず知らずの青年を、しかも出逢ったばかりでいきなり自分のパートナーにしようというのだから、発狂したと思われても当然であろう。

だが、それよりも驚いたことに、青年ゴータマはその申し出を鰾膠《にべ》もなく撥《は》ね付けたのであった。

青年の言い分はこうだ——

自分はあなたのライバルであるKSL財閥の傘下にある零細企業の社長の息子だ。しかも自分は親の職業を継がず、それどころか妻子も捨てて「蒸発亭主」になった。いまはホームレス同然でフリーターをやっている。なぜフリーターをやっているかといえば、わたしは、

——欲望は危険である——

と知ったからである。したがってわたしは、欲望を煽《あお》るようなことはいっさいしたくない。

それが青年の語ったこと。

MGD財閥の会長は、〈へえ……〉と思うと同時に〈なるほど……〉と思った。青年が

破格の条件の勧誘を断ったのは意外であったが、青年の清々《すがすが》しい態度を見ていると、その拒絶は当然のことにも思えるのであった。

「分かった。それなら無理には勧誘しない。けれども、ときどきわたしを訪ねてきて、そなたの考えを聞かせてほしい。それだけは約束してほしい」

「いいです。そうしましょう」

「ところで、その手始めとして聞かせてほしいのは、わがMGD財閥の将来であるが、今後どうなるであろうか……？」

「いずれ潰れますよ」

いとも平然と、ゴータマはそう予言した。

MGD財閥の会長は絶句する。

そりゃあ、絶句せざるを得ないよね。普通の人間であれば、もう少しオブラートに包んだ言い方をするはずだ。それなのに、ゴータマは言葉の粉飾もなく不吉な予言を語ってのけるのだから、常人とは違っている。

けれども、会長はそのゴータマの言葉に、一種の安心を覚えた。奇妙な安心感である。

自分はいま、MGD財閥の隆盛に向かって努力している。数多くのライバル企業を倒し、いまやMGD財閥に対抗するものはKSL財閥だけになった。そのKSL財閥も、たぶん遠からず倒すことができるであろう。そうするとMGD財閥はインド唯一のコンツェルン（いわば独占資本・財閥）になる。それは子か孫の時代、あるいはそれよりもう少し先かもしれない。しかし、たとえそうなったとしても、それが永遠に続くことはあるまい。その一大コンツェルンも、やがては瓦解してしまう。それが歴史の必然だ。

するとと自分は、やがては破滅する運命に向かって、瓦解する建造物を造るために一所懸命に努力していることになる。

「空しい努力だ」と、そう言う人もいるに違いない。おそらく大半の人間は、いずれは瓦解する建造物を建てる仕事を「空しい」と言うだろう。

だが、会長は、それとは逆の感想を抱いた。

いずれは瓦解するものだからこそ、それを建造する作業がおもしろいのだ。ちょうど子どもが海岸の砂浜で砂の城を築いているようなものである。どれだけ立派な城を築こうが、やがて潮が満ちたとき、波がその城を消滅させる。子どもたちはそれを知っている。知っていて、嬉々《きき》として築城に打ち込んでいる。自分はそれと同じことをしているのだ。と、会長は思った。

そして、青年はそのことを指摘してくれているのだと、会長は感じとった。

それが青年ゴータマの予言であり、その予言は時間軸が百年、二百年、三百年単位になっているから、「大予言」と呼ばれるべきものだ。青年ゴータマはMGD財閥の会長に大予言を語り聞かせ、その大予言が会長を安心させた。安心させると同時に、自分の仕事に打ち込む勇気を与えた。

やがてすべては潰れてしまう

そして、その後——

ゴータマは約束通り、ときどき会長室に姿を見せた。

ゴータマは風来坊を続けている。だから彼は、企業の経営には関心を示さない。政治や経済、社会問題には、会長がいくら仕向けてもいっさい発言しない。

では、会長室にやって来た彼は何を語るのか？　ゴータマは人間の生き方を語り、大予言をする。つまり、彼は、現在の世の中にあっての処世の術を語るのではなく、永遠の彼方にある「理想の社会」「ノーマル（正常）な社会」においての人間の生き方を語るのだ。

そのゴータマの語りから、MGD財閥の会長は自己の生き方に関して示唆を受け、いろいろと教訓を得た。会長はそれをノートにまとめて残している。ノートの数は十数冊に達している。

けれども、そのノートは暗号で書かれていて、解読が大変だ。それに余計なことまで書き込まれている。わたしが一時間もかけてたった一行の文章を解読したところ、

——象と茹《ゆ》で玉子の共通点は、両方とも空を飛べないこと——

とあって、がっかりしたことがある。もっとも、これはひょっとしたらわたしの解読のミスかもしれない。そうであるから、ともかくもこのノートをそのまま紹介するのは無意味である。

ところが、あるとき、わたしはこのノートを現代日本の状況に応じて翻案することを思いついた。ノートのあちこちに散見されるゴータマの大予言を取り出してきて、現代日本の諸問題に適用してみるのだ。すると、ゴータマの大予言の意味もよく分かるし、またわれわれの生き方にも大きな示唆を与えてくれそうである。そう考えて、わたしは夢中になってゴータマの大予言を現代化する仕事に取り組んだ。

以下は、その「ゴータマの大予言」の現代版である。それゆえ、版権はもちろんひろさちやに帰属する。

ゴータマの大予言

1 日本という国はやがて消滅する

たった一人の日本人

「少子化によって日本の人口はどんどん減少し、ついに西暦二二二二年になると、日本人は六人になってしまう。そして、その六人の日本人が富士の裾野にあるサファリパークの中で放し飼いになっており、その動物名は、

〝元エコノミック・アニマル〟

と書かれている」

だいぶ昔、わたしはどこかの雑誌に求められて、エッセイの中でそのようなジョークを書いたことがある。ジョークですよ、ジョーク。だって西暦二二二二年といった数字からして、ジョークであることは明らかではありませんか。

しかし、後日、ある新聞社から問い合わせがあった。

「先生はどのようなデータにもとづいて、あの記事を書かれたのですか？」
わたしは啞然としてしまった。ジョークが通じないのだ。通じないジョークは下手なジョークである。文筆業者として、わたしは恥ずかしくなった。
ところが、原田泰氏の『日本はなぜ貧しい人が多いのか』（新潮選書）を読んでいてびっくりしたのは、本来はジョークであるはずのこの人口予測が、あんがいまじめに語られているのである。
《日本の人口は減少していく。国立社会保障・人口問題研究所の予測（中位推計）によれば、2009年に1億2740万人の日本の人口は、2050年には9515万人に、2105年には4459万人になってしまう。》
《2004年の1億2779万人が日本の人口のピークで、2005年から日本の人口は減少に転じている（総務省統計局「日本の統計」）。その後も合計特殊出生率が1・3前後のレベルで続いていくとすれば、（中略）2975年に最後の日本人が生まれることになる。》
いいですか、二九七五年に最後の日本人が生まれる。そして、かりにこの最後の日本人が二十五歳のときに心臓麻痺《まひ》で死んでしまったとする。すると、三〇〇〇年に日本人は地球上から消滅するのである。ゼロになる。そうであれば、富士の裾野のサファリパークで飼育はできない。

まあ、こんなことはあり得ない。原田泰氏も、《そんなことはありえない話だが》と書いておられる。これはやはりジョークなのだ。われわれはこれをジョークと扱ったほうがよい。

考えてみてほしい。日本列島にたった一人が住んでいるといった状況があるだろうか。その一人が死んで、この広い日本列島が無人島と化すのだ。そんな馬鹿な話はない。まあ、日本列島に五千万人、六千万人の人しかいないという状況は無理すれば考えられる。それだけ人口密度の低い国になるわけだ。けれども、日本の人口が一千万人という状況は考えることはできない。そうなる前に、世界のあちこちから日本に移住して来る人がいる。人口密度の高い段階では、日本人は移民を歓迎しないかもしれないが、ある程度以下に人口が減少すれば、きっと移民を歓迎する。そうすると、日本には常に五千万人以上の人間が住んでいるわけだ。その日本に住んでいる人間は「日本人」ではないのですか？　日本人が一人になるということは、生まれながらに日本に住んでいる五千万人以上の人間を「外国人」と扱っていることになるのだ。

そこのところが根本的にまちがえられているのである。

「ゴータマの大予言」とは

さて、ここで、われわれは「ゴータマの大予言」を見てみよう。

プロローグ（前口上）で語ったように、ゴータマはMGD財閥の会長に、彼の思考の基本原理なるものを教えている。基本原理は二つあって、

——欲望は危険である——

——やがてすべては潰れてしまう——

であった。彼はその後、しばしばMGD財閥の会長室にやって来て、会長と雑談している。会長は晩年には子息に実権を奪われ、いわば座敷牢ともいうべき名誉顧問室に幽閉されてしまった。ゴータマはその名誉顧問室にもやって来て、以前と変わりなく談話をしている。会長の暗号で書かれたノートを見ると、幽閉の身の人間はゴータマの来訪を鶴首《かくしゅ》して待っていたようだが、ゴータマのほうでは、彼が子息に実権を剝奪されたことなど少しも気にしていない。「やがてすべては潰れてしまう」といった彼の思考の基本原理からすれば、人の世の栄枯盛衰はあたりまえであり、歯牙にも掛けないことなのであろう。

それはそうとして、MGD財閥の会長のノートを解読すると、ゴータマは折に触れて未

来を予言し、人間の生き方について多々発言している。

もっとも、予言といっても、日本の人口が二〇五〇年になると九千五百十五万人になるといった予測とは違っている。こんな予測はまったく無意味だ。なぜなら、二〇二〇年の日本に新種の烏《からす》インフルエンザが流行し（どうやらアメリカの国防省が開発した細菌兵器によるものらしい）、その結果、九千万人の日本人が一挙に死んでしまうこともありうる。そして、二〇二二年になると中国大陸から三億人が日本に移住して来る。そうすると、日本列島に住む人口は三億三千万人になる。そんな不確定要素によって、予測といったものは成り立たなくなる。「ゴータマの大予言」は、そのような当るも八卦的な予測とはまったく違ったものである。

「ゴータマの大予言」は、長い長い時間軸の上に立って、「未来は必ずこうなる」「未来はかくあらねばならない」といったことを教えたものだ。

人間の生き方に関しても同じことだ。

人間の生き方といえば、処世術を考える人が多いが、ゴータマは処世術については一言も発言していない。

こんな話がある。

昔の中国だ。ある男が仕官をしたいと思った。時の為政者は文人を偏重している。それで彼は万巻の書を読み、教養を身につけた。ところが、その段階で為政者が死に、新しい為政者は武人を偏重する。男はあわてて武術を習う。だが、彼が十分に武術を習得したとき、またしても為政者の交代があり、新しい為政者は老人を嫌い、若者を偏重した。男は老年に達していたので、結局は仕官ができなかった。これが処世術というもの。現在の日本では、就職のためには理科系がよいか、文科系がよいか議論されているが、所詮は無用の論議である。

ゴータマが教えたのは、それとはまったく違う。彼は永遠ともいうべき時間軸の上に立っての、真の人間としての生き方である。あるいは、人間としての真の生き方であった。

ゴータマの教訓──「すべては変化する」

ところが、「ゴータマの大予言」は、決して系統立ててなされていない。MGD財閥の会長が折に触れて書き留めたノートの中に散見されるものであり、それはたとえば、

──ゴータマが言った、「物事は変化する。物事を固定して考えてはならない」──

といった形で記録されている。これはまだ法則的に書き留められているのだが、場合によっては、

――「あなたには白髪が増えましたね。そろそろ準備が必要ですね」と彼が言った。いま、何の準備が必要か？　ＫＳＬにあの攻撃をかけるのは、まだ早いのだろうか……――といった文章になっている。いささか論理が飛躍している。ちょっと支離滅裂だ。

このような記述の中から、われわれは「ゴータマの大予言」ないしは「ゴータマの教訓」を読み取らねばならない。そうすると、われわれはここから、たとえば、

――すべては変化する――

といった「ゴータマの法則」を取り出すことができるであろう。

だが、それじゃあおもしろくない。

そんな法則であれば、すでにギリシアの昔に、ヘラクレイトス（前五四〇ごろ～前四八〇ごろ）なる哲学者が、

《パンタ・レイ》――万物は流転する――

と言っている。あるいは、ここに『方丈記』の冒頭にある鴨長明（一一五五ごろ～一二一六）の言葉を持ってきてもよい。

《ゆく河の流れは絶えずして、しかも、もとの水にあらず。淀《よど》みに浮ぶうたかたは、かつ消えかつ結びて、久しくとゞまりたる例《ためし》なし。世中《よのなか》にある、人と栖《すみか》と、またかくのごとし。》

だからわれわれは「ゴータマの大予言」を、もっと現代に引き付けて利用しよう。もちろんゴータマは現代の人ではない。ずっと昔のインド人だ。したがって、日本については何も知らない。ましてや二十一世紀の日本なんて、彼には無縁の世界である。しかしながら、もしもゴータマが現代日本に出現したら、きっと彼はこのように言うに違いないと思われるところを、わたしはMGD財閥の会長の十数冊のノートから抽《ひ》き出すことにする。ただし、お断りしておくが、これはわたしの独断と偏見にもとづく暗号解読である。もしも読者が、「おまえはゴータマを曲解している」と言われるなら、わたしはただちょっと肩をすくめるだけだ。そして、

「まあ、見解の相違ですな……」

と呟くよりほかない。その見解の相違を一致に導く術は絶対にないからだ。その点だけは承知しておいてほしい。

日本国の成立と消滅

ということで、まずはゴータマの大予言のその一である。

――日本という国はやがて消滅する――

あまりにも衝撃的な予言で、読者は驚かれるかもしれない。

だが、賢明な読者であれば、これまでのゴータマに関する紹介からして、当然にこのような「大予言」の出てくることを予想しておられたはずだ。なぜなら、日本という国はいつまでもこのままであるはずがない。人口減少という要因だけではない。たとえば百年、二百年後の皇室を考えてみても、たぶん男系による天皇家は存続していないだろう。そうであれば、現行の象徴天皇制は崩れる。そうすると、「皇室典範」という法律を変えざるをえない。ということは、現在の日本がこのままの形で存続していないのだから、現行の日本国は消滅するのである。「ゴータマの大予言」は、そのあたりまえのことを言っているのだ。

どうも日本人は、歴史感覚もなければ、国際感覚もない、おかしな国民だ。その歴史感覚のなさは、日本人をして日本という国が太古の昔からずっと存続していたかのように思わせている。その辺のところを、最近になって網野善彦（一九二八～二〇〇四）らが論じ始めているが、網野はこう言っている。

《日本が地球上にはじめて現われ、日本人が姿を見せるのは、くり返しになるが、ヤマトの支配者たち、「壬申《じんしん》の乱」に勝利した天武《てんむ》の朝廷が「倭国」から「日本国」に国名を変

えたときであった。》（網野善彦『「日本」とは何か』講談社）

縄文時代、弥生時代、日本列島に人が住んでいた。しかし、それは日本人ではない。なぜなら、そのときにはまだ「日本国」というものがなかったのだから。歴史家はそこのところを厳密に規定する。それが専門家だ。素人のように、日本列島に人が住んでいれば、それが日本人だ、なんてことは言いやしない。

だから、「日本国」の成立は、網野によると七世紀末、六七三年から七〇一年のあいだである。また、この「日本国」の国号が初めて対外的に用いられたのは、七〇二年に中国大陸に到着したヤマトの使者が周の則天武后《そくてんぶこう》に対してであったそうだ。

まあ、このようにして成立した「日本国」であるが、成立したものは必ず消滅する。永遠に続く国家なんて、地球上に存在するわけがない。永遠に続く国があるとすれば、天国か極楽、仏国土、浄土、神の国だけである。

早い話が、江戸時代の国家は明治維新のときに消滅した。明治維新で誕生した大日本帝国は一九四五年八月十五日に滅んだ。そして現在の日本はアメリカの属国になっている。そのアメリカの属国である現行の日本国も、遠からず消滅するであろう。それが「ゴータマの大予言・その一」である。

では、その消滅はいつの日か？

それは分からない。ひょっとしたら二〇一二年かもしれないし、二〇五〇年、二〇六〇年かもしれない。たぶん二二二二年までには日本国は消滅しているだろう。

われわれは、それがいつかといった問題に関心を寄せる必要はない。大事なことは、日本国は必ず消滅するということだ。そのことを前提にして、われわれはものを考えねばならない。

なお、ついでに言っておけば、この地球上から遠からず消滅する国として、わたしは日本国のほかにアメリカとイスラエルを加えておく。「ゴータマの大予言」を読んでいて、そのように思った。

ゴータマの大予言

2 義務教育は必ず廃止になる

国家は必要悪

大予言といったものは、時間軸を未来に延長した上でなされる。「予言」であるかぎり、未来が問題になる。

けれども、「予言」と「大予言」は違う。

どう違うかといえば、「予言」があくまで未来に関してだけしか関心を示さないのに対して、「大予言」のほうは過去にも関心を示す。そこが違うところだ。

たとえば、「日本という国はやがて消滅する」といった「ゴータマの大予言１」は、将来における日本という国のあり方だけを言っているのではない。日本という国が過去においてどうであったかにも関心を寄せると同時に、そもそも国家とは何であり、また人類というか、人間にとって国家が必要か否かにも関心を寄せる。つまり、事物の本来あるべき姿を考えるのだ。現在はあるべき姿から離れた状態になっている物事が、時間軸を延長した未来においては必ずそのあるべき姿に戻るはずだ、というのが大予言である。したがって、時間軸をどこまで延長するか、十年、二十年の将来か、あるいは百年先、二百年先か、それは無関係である。それを予測しろといえば、大予言が大予言でなくなり、競馬や競輪の予想屋に堕してしまう。大予言というのは、物事の本質を考えているのだ。そのことを常に念頭に置いておいてもらいたい。

では、国家について考えるとき、そもそも国家の本質とは何か？　それをわれわれは考えねばならない。そうすると、わたしは、国家というものは、本質的に、

——必要悪——

だと規定したい。国家の存在そのものは悪であるが、必要性は認めなければならぬ。わたしはそのように考える。

ただし、必要性というものは、いま現在においての話である。いま現在においては必要であるが、それは本質的に悪であるから、われわれはそれをなくすように努力せねばならない。また、必ずやなくなるであろうと信じたい。悪がいつまでも栄えるようであってはいけないからだ。つまり、われわれは国家の廃絶のために努力すべきである。

と言えば、必ず愛国心の持主からクレームが来そうだ。だが、じつはその愛国心が問題

なのだ。アメリカ人は愛国心のゆえに日本に原爆を落とし、イラクを攻撃する。愛国心・ナショナリズムというものは危険なものなのだ。

江戸時代に遡ってみよう。江戸時代には数多くの飢饉があった。とりわけ著名なのは寛永の飢饉・享保《きょうほう》の飢饉・天明の飢饉・天保《てんぽう》の飢饉であって、これらが四大飢饉と呼ばれるものである。飢饉が起きれば悲惨なもので、たとえば寛永の飢饉では全国で五万あるいは十万という餓死者が出たそうだ。

しかし、日本列島は南北に長いから、日本列島全体が凶作になるようなことはありえない。東日本の藩で飢饉による餓死者が出ていても、西日本では豊作ということもある。にもかかわらず藩という障壁があるから、物資の流通がうまくいかないのだ。極端にいえば、隣の藩の餓死者を眺めながらこちらの藩で大宴会をやっていることもありうる。

現代からこれを見れば、幕藩体制に問題があったことが分かるはずだ。藩の壁を破って、日本という大きな国の単位で考えたほうがよかったのだ。そうすると、いま、国の単位で物事を考えているが、それを国の障壁を破って世界という単位で物事を考えたほうがいいことが分かるだろう。それが、国家が必要悪であるというわたしの主張である。

国家と幽霊は似たようなもの

国家が必要悪だというのには、もう一つの意味がある。それは、国家というものが措定《そてい》されると、必ずそれは怪物になり、人間を奴隷にしてしまう。だから国家は必要悪なのである。

わたしはいま、〝措定〟だなんてむずかしい哲学用語を使った。どうもときどき、わたしは学者めいて厳密な言葉遣いがしたくなる。悪い癖だ。この〝措定〟といった言葉は、簡単にいえば〝仮定〟だと思ってもらえばよい。国家なんて実体はない。まあ幽霊みたいなものだと思えばいい。しかし、幽霊は、見えている人には見えているのだ。その意味で、幽霊なんて存在しないと言えばまちがいである。見えている人には存在しているのだ。国家もそれと同じで、見えている人には見えているのである。見えない人には見えない。そこで、話を簡単にするために、

「まあ、わたしたちは、いちおう国家というものがあるとしましょう」

ということになる。それが〝措定〟である。仮にそうするのである。

ところで、いったんその存在が認められると、国家はのさばり始める。図体《ずうたい》がでっかく

なり、まるで暴君になってしまう。そして、われわれ国民に向かって、「おまえたちは俺の奴隷になれ！　俺を拝め！　俺を尊敬せよ！」と言うようになる。その点でも国家は幽霊と同じだ。人間のほうで幽霊を認めてやると、幽霊はのさばり始め、居丈高になって、認めた人間を支配下に置こうとする。わたしのように幽霊の生存権を最初から承認していない者に対しては、幽霊は祟ることはできない。だが、いったん幽霊を認知してやると、幽霊はその人に祟り、苦しめる。あなたは幽霊に怯《おび》えて暮らさねばならない。だから、あなたは幽霊さんを認知しないほうがいい。そうすると幽霊に脅かされなくてすむ。

まあ、ともかく、国家と幽霊は似たようなものなのだ。国家はいったんその存在が認められると、こんどは主人顔をしてわれわれを奴隷にしようとする。

もちろん、国家には実体がない。「わたしが国家です」と名乗り出る者がいるわけではない。

じゃあ、誰が主人顔をするかといえば、それは「国家」という名前を使ってうまい汁を吸っている人間だ。

これは、逆に言ったほうが分かりやすいだろう。ある特権階級の人々は自分の私利私欲を肥やしたいのであるが、あまりあからさまには私利私欲を言えないので、ちょっと隠《かく》れ蓑《みの》的にでっちあげた（これが〝措定〟ですね）ものが国家なんだ、と。

だから、「国家、国家」と言い、「愛国心」なんてほざいている人間がいちばん危険である。もちろん、そういう主張をしている人のうちにも、まじめな人はおいでになる。人格高潔の士もおられる。けれども、人格高潔の士は少なく、大部分の人間は私利私欲を貪っている。したがって、われわれは彼らの言葉に騙されてはならない。だいたいにおいて、日本国民を騙してアメリカと密約を結ぶような連中は信用ならない。彼らは売国奴である。そう思うべきだ。

兵士をつくるための義務教育

わたしは義務教育について論じようと思っていた。で、義務教育とは何か？　それを考えると、「義務」というものは国家が国民に課したものである。ある僧侶の方が言っておられたが、

——国家は、兵役の義務でもって国民の生命を奪い、納税の義務でもって国民の財産を奪い、教育の義務でもって国民の魂を奪う——

それが国家だ。ということで、義務教育を論ずる前提として、必要悪としての国家観に言及しておきたかった。だいぶ前提が長くなった。

さて、義務教育、あるいは学校教育というものは、歴史的にはフランス革命以後にフランスにおいて始まったものである。したがって、たかだか二百年ぐらいの歴史しかない。われわれは学校教育・義務教育を買い被りすぎる傾向があるが、それはおかしい。古き良き時代には義務教育の学校なんてなかったのだ。そのことを忘れてはならない。

なぜ、義務教育の学校が必要になったか？　フランス革命の以前は、国家というものは王様の所有物であった。だから、王様が個人的に国家を防衛せねばならない。それで王様が給料を払って兵士を雇って、その傭兵でもって自分の国を防衛したのである。また、他の国を侵略した。それゆえ、防衛という側面から見れば傭兵は現代のガードマンであるが、侵略の面からすれば暴力団員だ。国王は暴力団の親分である。

ところが、フランス革命は国王を追放してしまった。ギロチン台に寝かせて死刑にした。そうすると、国家は国民のものとなる。国民のものになれば、その国家は国民が防衛せねばならない。そこで、国民が兵士になる制度が出来上がる。

で、最初のころは、行き当りばったりに国民から兵士を選んだ。だから、ナポレオンの軍隊には六十歳の老人（その当時はりっぱな〝老人〟）がいたという。

しかし、そのような軍隊は弱い。傭兵はちゃんと訓練を受けているが、行き当りばったりに選んだ兵士だと、何の訓練も受けていないから、弱い軍隊になるのは当然だ。

そこで、国民を兵士にするための教育が必要になった。それが義務教育である。日本においても事情は同じである。江戸時代というのは、軍事政権が日本を支配していた時代である。その軍事政権である徳川幕府を倒して、日本は明治維新をやってのけた。そうすると、国防が国民の義務になってしまう。で、強い兵士を養成するためには、義務教育によって国民を訓練しておかねばならぬ。だから明治政府は明治五年（一八七二）に学制を発布している。全国を学区に分け、各学区にそれぞれ大学・中学・小学等を設立し、国民皆学を期するのが目的であった。

何のための国民皆学か？

読者よ、早合点しないでほしい。それは国家からの国民に対するサービスではない。先に言ったように、「教育の義務でもって国民の魂を奪う」ためである。

魂を奪われた人間は、当然に奴隷になってしまう。だから、義務教育というものは、国民を奴隷にするためのものなのだ。奴隷にしておけば、その人間は立派な兵士になってくれる。

それが証拠に、義務教育においては「標準語」なるものが強制される。

標準語なるものは存在しない言語である。しかし、これをつくって国民に強制しておかないと、徴兵によって国民を兵士にしたとき、命令が通じない。青森の兵士と鹿児島の兵士だと、まるで外国人である。だから国家は無理矢理国民に、存在していない言語を義務的に修得させる。学校で方言を喋ると、戦前の沖縄においては、

「わたしは方言を喋りました。悪い子です」

といった懲罰的な方言札を自分の胸にぶら下げさせられる。そしてその児童は、誰かが方言を喋るのを見つけて、そいつにその方言札を渡す。そんな義務教育が行なわれていた。明らかにこれは兵士訓練である。

どうして方言を喋ってはいけないのですか?!

英語で母語を〝マザー・タング〟という。母親が使っている言葉の意味だ。人類はずっと大昔から母語でもって教育を受けてきた。それが本当の教育だ。義務教育は兵士教育だ。よしんばそれが必要であるにしても、それは必要悪だ。われわれはそのことをしっかりと認識しておかねばならぬ。

そうそう食べ物のことも言っておかねばならぬ。われわれは義務的な学校教育で、食べ物について好き／嫌いをしてはいけないと教わってきた。自分の好きな物を食い、嫌いな物を食わないのは、人間としてのあたりまえの権利である。しかし、徴兵したときに、俺はじゃがいもは嫌いだ、なんてことを言い出されると困るので、義務教育において人間を何でも食える豚みたいな家畜に改変してきた。

でも、わたしがこれを言えば、必ず、

「健康のためには好き／嫌いをしないほうがいい」

と言い出す人が出てくる。わたしは好き／嫌いをしろと言っているのではない。したくない人はしないでいいのだ。ただ国家が、われわれに好き／嫌いをしてはいけないと強制し、われわれから好き／嫌いをする権利を剝奪してはいけない、と言っているのだ。問題は権利である。その権利を剝奪されて平気でいる人は奴隷根性の持主だ。情けない人間ですよね。

日本人はみんな奴隷になっている

さて、そこでおもしろい新聞記事がある。

二〇〇〇年九月二十九日の「毎日新聞」の記事だから、もう十年も昔のものだ（執筆当時）。

《「子どもに学校へ行く義務はない」》

とタイトルがつけられている。

《「義務教育が、子どもは学校へ行き、親は子どもを学校へ行かせる義務だという認識は基本的に誤っている」――菅直人民主党幹事長は28日の衆院予算委員会で、独自の教育論を提起、激しいヤジにさらされた。

菅氏は、憲法26条が「すべて国民は、子女に普通教育を受けさせる義務を負う」と規定し、「学校」という言葉がないのに、学校教育法22条は「就学させる義務を負う」と定めていることを指摘。「不登校が増えたのは学校があるからだ。学校はあるのが当然で、子どもが義務を負っているのか。今の学校が子どもを縛りつけるのにふさわしい場か」と文部行政の〝行き詰まり〟を厳しく指弾した》

おまちがえになりませんように。当時の民主党は野党であって、菅直人氏はその野党の幹事長であった。

ところで菅氏は、野党の政治家だからこのような意見を持つことができたのであろう。その民主党が与党になった。与党の政治家として菅氏が、以前と同じこのようなオピニオンの持主であれば、わたしは菅氏を立派な政治家として尊敬する。もっとも、菅氏一人で日本の政治を動かすことはできない。与党の全体が義務教育としての学校教育のあり方を変革する気にならないといけない。それには相当の時間がかかるだろうと思う。

けれども、菅氏のこの考え方は、われわれのゴータマの大予言に合致する。すなわち、ゴータマの大予言のその二は、

——義務教育は必ず廃止になる——

である。菅氏はそれと同じことを主張したのである。偉い政治家だ。

ただし、注意しておいてほしいのは、ゴータマはこの言葉通りの発言をしたのではない。MGD財閥の会長のノートを整理して、わたしがこのような形にまとめたのである。MGD財閥の会長のノートには、

——あの男が言った、「人間は自己を燈明にせねばならぬ」と——

——「人間は奴隷になってはならぬ」とゴータマが言った。奴隷というのは肉体奴隷だけではない。わしがこの財閥の発展ばかりを気にしているようであれば、わし自身がMGD財閥の奴隷になっているのだ。あのゴータマは風来坊なるがゆえに奴隷ではないのだ——

——「奴隷になるな」ということは「自由人であれ」ということなんだろう。じゃあ、自由人とは何か？　自由とは何か？——

といったふうに記されている。そうすると、ここから、義務教育としての学校教育はわれわれ人間を奴隷にするためのものだ、といった結論が出てくるわけである。もっとも、敗戦後の日本には、目下のところ徴兵制度はない。だから、学校教育は直接には兵士教育ではなくなった。けれども、兵士というものを、例の、

――産業兵士――

にまで拡大解釈をすれば、現在の日本の学校教育はその「産業兵士」を養成するためのものになっている。産業兵士というのは奴隷である。それを人々は「社奴」と呼ぶ。会社の奴隷だからである。あるいは「社畜」とも呼ぶ。家に飼われている動物は家畜であるが、従業員は会社に飼われている動物だから社畜なのだ。

なお、従業員ばかりが奴隷ではない。MGD財閥の会長がいみじくも言っているように、会長あるいは社長だって奴隷にされてしまう。国家であれば、国民を奴隷にする。そのためには、まずは政治家から奴隷にするのである。

それから、ついでに言っておく。官僚というのは本質的に奴隷である。そのことについては、森嶋通夫著『なぜ日本は行き詰ったか』（岩波書店）が指摘している。彼は、ヨーロッパの官僚制は古代エジプト王国に始まったとし、

《……エジプトでは、役人になりたいと熱望した者は事実上奴隷であって、彼らは自由を要求しなかったし、またできなかった。そしてこれが君主が彼らを官僚として使った理由であった。奴隷は彼らの全生涯にわたって仕え、他のどこにも移ることができなかったから、彼らは官僚と同じく終身雇用を体験している。奴隷もまたどのような意見も持つことを許されていなかったから、彼らの個人的感情は彼らの仕事の邪魔にならなかった。この

種の奴隷型官僚制が西欧官僚制のしきたりの起源である。》

と言う。書き写していて、現代日本においては、官僚ばかりでなくあらゆるサラリーマンが奴隷になっていると思った。彼らは企業の言いなりになって、自分の意見を持っていない。そして、そういう人間を義務教育がつくっているのだ。

ゴータマの大予言が一刻も早く実現することを祈らざるをえない。

ゴータマの大予言

3 資本主義経済は遠からず崩壊する

あらゆる欲望が悪い欲望である

ゴータマは「欲望は危険である」と言った。これが彼の哲学の基本原理である。だが、こう言われると、困る人々がいる。困るというより、反撥を覚えるのだ。なぜかといえば、欲望を持たない人間はいないからである。みんなが欲に狂っている。

そこで人々は、欲望を二つに分けて、

――いい欲望／悪い欲望――

があるとする。たとえば、例のチベットからインドに亡命したダライ・ラマ十四世が言っている。

《欲望には二つあると思います。まず合理的な欲望。例えば人間には幸せになりたいという欲望は必要です。これは、いい欲望です。

二つ目は自分の満足を超える欲望です。度を超えた欲望は、それを満たすために他に害を加えたり、他を利用したりすることにつながりかねません。これは悪い欲望ですね。》

この発言は、大谷光真著『愚の力』(文春新書)からの引用である。西本願寺の大谷光真門主がダライ・ラマ十四世と対談したものが同書に収録されている。多くの人はダライ・ラマ十四世を真の仏教徒だと思っているが、ちょっと違うかもしれない。わたしに言わせてみれば、彼はいささか政治家的になってしまったようだ。それが証拠に、仏教においては、「いい欲望/悪い欲望」なんてことは言わない。欲望を、人間の善なる心を害する三毒の一つに数えている。三毒とは貪欲《とんよく》(むさぼり)・瞋恚《しんい》(いかり)・愚癡《ぐち》(仏教の教えに対する無知)である。

《たとえ貨幣の雨を降らすとも、欲望の満足されることはない。》

と、釈迦は『ウダーナヴァルガ』(二・一七)で言っている。ダライ・ラマ十四世は、幸せになりたいという欲望はいい欲望だと言っているが、人間は純金の貨幣が雨のように降ってきても、それで幸福になれない。だって他の人々もその純金の貨幣を拾うんですよ。他人には拾わせることなく、自分だけが拾えなければ、幸福になれないのだ。日本にはいいことわざがある。

――隣の貧乏、鴨《かも》の味――

である。隣の人が貧乏になると、〈しめしめ〉と喜ぶのである。逆に、——隣に倉《くら》が建つと、こちらの腹が立つ——わけだ。競争心がそうさせる。それが幸せになりたいという欲望だ。そんなものをいい欲望と言えますか？

それにくらべてゴータマの基本原理はすばらしい。「欲望は危険である」。それがゆえに、われわれは欲望を慎重に扱わねばならないのである。

江戸時代には奢侈が禁じられていた

さて、われわれがこの章で扱うゴータマの大予言は、——資本主義経済は遠からず崩壊する——である。その大予言の根拠は何か？　それは、資本主義経済なるものは本質的に人間の欲望にもとづいた経済体制だからである。

ゴータマが言うように、「欲望は危険である」わけだ。だからこそ、これまで人類はその欲望をコントロールすることを学んできた。社会の仕組みの根拠に、あまり欲望を肥大化させないような警報装置をつけていた。

したがって、江戸時代には、徳川幕府は何度も何度も奢侈《しゃし》禁止令を発している。手許にある歴史学研究会編『日本史年表・増補版』（岩波書店）を見ると、次のようになっている（一部抜粋）。


寛永17年（1640）……大名・旗本に倹約を励行させる。

慶安2年（1649）……大名・旗本に倹約を命じ、大目付・目付に奢侈を検察させる。

寛文3年（1663）……諸大名・旗本に倹約を命ずる。

天和3年（1683）……幕府・奢侈品の輸入を禁ずる。

享保9年（1724）……諸大名および幕臣に倹約令を出す。

享保16年（1731）……幕府、3か年の倹約令を出す。

享保17年（1732）……吉宗、尾張藩主徳川宗春の奢侈を譴責《けんせき》する。

天明3年（1783）……幕府、7か年の倹約を命ずる。

寛政1年（1789）……幕府、3か年の倹約を命ずる。

寛政6年（1794）……幕府、10か年の倹約を命ずる。

文化3年（1806）……幕府、3か年の倹約を命ずる。

文政1年（1818）……幕府、3か年の倹約を命ずる。

文政3年（1820）……幕府、さらに3か年の倹約を命ずる。

文政4年（1821）……幕府、かさねてみだりに銀を使用することを禁ずる。

文政6年（1823）……幕府、5か年の倹約を命ずる。

文政11年（1828）……幕府、5か年の倹約を命ずる。

天保4年（1833）……幕府、5か年の倹約を命ずる。

天保9年（1838）……幕府、農民町人の金銀具使用を禁ずる。3か年の倹約を命ずる。

天保12年（1841）……幕府、奢侈禁止令を出す。

天保14年（1843）……幕府、5か年の倹約を命ずる。


いやはや、恐れ入りました。これじゃあ、ずっと倹約が命じられていることになる。しかし、じつはこれが本来の社会のあり方なのだ。欲望は危険であるから、それを抑制せねばならない。そうでないと、おかしな社会になってしまう。

初期の資本主義には福祉国家のヴィジョンがあった

ところが、その欲望を無制限に解放してしまったのが資本主義社会である。

いや、資本主義にもいろいろある。

じつは、資本主義が最初にヨーロッパに芽生えた段階においては、資本主義はまだまだ健全であった。そのことは、マルクス主義の創始者であり、マルクスの盟友であったフリードリヒ・エンゲルス（一八二〇〜九五）の『空想より科学へ』（大内兵衛訳、岩波文庫）を読めば分かる。彼はこう書いている。

《次いで三人の偉大な空想家が現はれた。サン・シモン（St.Simon）、この人にあってはプロレタリア的傾向と並んでブルジョア的傾向がなほある程度の重要さをもってゐた。次にフーリエ（Fourier）。第三に、オーウェン（Owen）、この人は、資本主義的生産の最も発展せる国において、そしてそれから生じた諸対立の影響の下に、フランスの唯物論に直接結びつけて、彼の階級差別廃止案を、組織的に展開した。

この三人に共通な点は、彼等何れもが、当時歴史的に生み出されてゐたプロレタリアートの利益の代表者として現はれてゐないことこれである。彼等は、啓蒙主義者と同様に、先づある一定の階級を解放しようとはしないで、直ちに全人類を解放しようとした。彼等は、啓蒙主義者と同様に、理性と永遠の正義の王国を実現しようとした。》

もっとも、エンゲルスはこの三人の空想的社会主義者——サン・シモン、フーリエ、オーウェン——を批判したのである。彼らは全人類を解放しようとした。それじゃあだめだ。まず、プロレタリアートの解放が目指されるべきで、そのあとで全人類の解放がある。彼らは順序をまちがっている。だから彼らは社会主義者・共産主義者であっても、「空想的」である。本当の社会主義・共産主義は「科学的」でなければならない。というのがエンゲルスの主張である。

しかし、その主張はしばらく措《お》いて、この三人の空想的社会主義者に見られるように、初期のヨーロッパの資本主義の中には空想的社会主義の傾向が根強く存在していたことにはまちがいがない。つまり、資本主義のうちに福祉国家のヴィジョンが懐胎されていたのである。

資本主義がおかしくなったのは、それがアメリカに移植されてからである。そこでは、人間の欲望が無制限に解放されてしまった。

フォーディズムは鼠講の論理

アメリカ人は社会主義・共産主義が大嫌いである。だから、プロレタリアートなんていう言葉に嫌悪感を持つようだ。ちょっと待ってくださいよ。わたしはいま〝プロレタリアート〟と書いた。若いころからの癖でドイツ語表記を使った。フランス語だとこれは〝プロレタリア〟であり、こちらのほうが一般的である。英語だと〝プロレタリアン〟になる。

プロレタリアは、『広辞苑』によると、

《資本主義社会において、生産手段を持たず、自己の労働力を資本家に売って生活する賃金労働者の階級。無産階級。ブルジョアジー》

である。ともかく、アメリカ人はプロレタリアといった考え方が大嫌いで、労働者をプロレタリアでなくしたいと思った。で、プロレタリアをなくすにはどうすればいいか？

簡単である。彼らを、

——消費者——

にしてしまえばいい。それが答えだ。消費者とは、いっぱい商品を購入し、それを消費してくれる人間である。それは資本家にとってはありがたい顧客であり、決して対立する敵ではない。プロレタリアが消費者に変身してくれると、資本家と消費者は仲良くやっていける。アメリカ人はそう考えた。

じつはプロレタリアを消費者に変身させることのできる背景には、例の「フォード・システム」と呼ばれる大量生産方式のシステムの存在が大きい。フォード（一八六三〜一九四七）は富裕な農場主の息子であったが、機械技師になり、一九〇三年にフォード・モーター社を設立した。彼はその工場において、部品の標準化、工程の分業化を徹底し、のちにはコンベヤシステムを導入して大量生産方式を確立して、自動車の大衆化に成功した。そして、その成功によって「フォーディズム」と呼ばれる独自の経営理念を打ち立てたのである。フォーディズムというのは、利潤の分配制、八時間労働、最低賃金制などを柱とするものである。

このフォーディズムによって、労働者は消費者に変身する。彼らの給料はアップし、生活が向上する。その結果、豊かになった労働者はフォードの自動車を購入してくれる。すると企業の利潤が増大し、その一部が労働者に還元される。それによって労働者の購買能力が高まる。いいこと尽《ずく》めである。

しかし、この論理は何に似ているか、お気づきになっていますか？　例の鼠講《ねずみこう》の論理である。会員が鼠算式に増大すると仮定すれば、一定の入会金を払ってその会員になると、いずれ入会金以上の経済的利益が得られる。最近はこれをマルチ商法と呼ぶらしいが、会員が増大するかぎりにおいてこの計算は正しい。けれども、会員はいつまでも、どこまでも増え続けるわけがない。いずれどこかで頭打ちになる。そうすると、この鼠講は成り立たなくなるのだ。

フォーディズムもそれに同じ。労働者に高い賃金を払い、労働者を購買意欲と購買能力のある消費者に変える。すると景気が良くなり、企業は大きな利潤を得る。その結果、消費者（じつは労働者）の収入が増え、購買意欲と能力が高まり、ますます企業が繁栄する。まさに鼠講の論理だ。ただし、それは、本質的には自転車操業であって、経済が拡大し続けることが前提条件になる。拡大がストップしたとたんに、自転車は倒れてしまう。

しかし、ヨーロッパとは違って、アメリカ大陸には広大な未開拓のフロンティアがあった。幌馬車を西へ西へと走らせて、そのフロンティアに進出して行けばいい。そうすることによって経済が拡大できる。フォーディズム万々歳である。

けれども、いくら広大なフロンティアがあったにしても、それはいつかは消滅する。広いアメリカ大陸のすべての土地が開拓されてしまう日がいつかは来る。そんなことは、わざわざゴータマの大予言によるまでもない、自明の事実である。

もっとも、アメリカ人は西へ西へと幌馬車を走らせて太平洋岸に到達したが、そのあと彼らは海外に進出した。ハワイを手中にし、日本を属国にし、朝鮮、そしてベトナムへと進出する。そのあとイラクにまで派兵した。そうすることによって、経済を拡大して行ったわけだ。

戦争が大好きなアメリカという国

アメリカ型資本主義は鼠講、あるいは自転車操業、ないしはフォーディズムに立脚している。どこまでもどこまでも経済を拡大して行かねばならぬ。拡大がストップすれば、自転車は倒れる。

だから、アメリカは戦争をやる。外国と戦争をやって、じゃかすか鉄砲を撃って消費を拡大する。それによって経済を発展させるためだ。

第二次世界大戦が終わったのちに、アメリカが戦争をし、爆撃をした国をリスト・アップすれば次のようになる。

中国（一九四五〜四六、一九五〇〜五三）、朝鮮（一九五〇〜五三）、ガテマラ（一九五四、一九六七〜六九）、インドネシア（一九五八）、キューバ（一九五九〜六〇）、ベルギー領コンゴ（一九六四）、ペルー（一九六五）、ラオス（一九六四〜七三）、ベトナム（一九六一〜七三）、カンボジア（一九六九〜七〇）、グレナダ（一九八三）、リビア（一九八六）、エルサルバドル（一九八〇年代）、ニカラグア（一九八〇年代）、パナマ（一九八九）、イラク（一九九一〜九九）、ボスニア（一九九五）、スーダン（一九九八）、ユーゴスラビア（一九九九）、そして、アフガニスタン。

これはアメリカの言語学者のチョムスキー（一九二八〜）が世界政治の現実を曇りなき目で論評した名著『9・11』（文春文庫）の訳者（山崎淳氏）が、同書の「訳者あとがき・解説」の中で引用しておられるリストである。このリストは山崎氏が、インドの女流作家のアルダーティ・ロイの『ピーナッツ・バターにまみれた野蛮』から引用されたものだ。ともあれ、二十世紀の後半、アメリカがいかに好戦的であったかがよく分かる。そして、二十一世紀になっても、アメリカは依然として戦争が大好きな国だ。それもこれも、戦争をやらないとアメリカ経済が破綻してしまうのだから、やらざるをえない。困ったことだ。

読者も賛成されると思うが、このようなアメリカ型の資本主義が長持ちするわけがない。ゴータマの大予言によるまでもなく、アメリカ型資本主義が遠からず崩壊することは、火を見るよりも明らかである。

だが、ここで、こういう反論も予想される。ともかくも、資本主義は社会主義に勝ったのだ。資本主義経済がやがて崩壊するにしても、社会主義経済はとっくの昔に崩壊してしまった。その点を、おまえはどう説明するか、と。

たしかに、一九一七年の十月革命によって成立したソビエト社会主義共和国連邦は一九九一年十二月に崩壊した。七十四年の寿命であった。しかし、それをもって社会主義経済に対する資本主義経済の勝利と呼ぶのは、いささか短絡思考である。わたしはそう思う。

なぜなら、アメリカとソビエトは冷たい戦争をやっていた。冷戦のために膨大な軍事予算が必要になる。あの二大国は経済上の競争をしたのではなしに、軍事上の競争をしたのである。

ところで、アメリカの場合、いくら膨大な軍事予算を計上しても、フォーディズムによってそれが利潤になって還元される。それがアメリカ型資本主義の仕組みである。だから、冷戦による軍備拡大はちっとも苦にならない。
ところが、ソビエトの場合、膨大な軍事支出は民衆の生活を圧迫する。そのために、ソビエト連邦は崩壊したのである。もしも冷戦がない平和な時代であれば、きっと社会主義経済が生き残り、アメリカ型の資本主義経済が先に滅んだはずだ。
それが証拠に、ソビエト連邦崩壊後のアメリカの経済は完全におかしくなっている。アメリカ発の不況が全世界の経済を混乱させているのは周知の事実である。アメリカ国内も格差の拡大によって、まさに崩壊寸前の状態である。次の二つの引用は、ジェームズ・ブリュージェ『小さな地球の守り方』(矢野真千子訳、祥伝社)より。
《アメリカの上位1%の世帯は、下位95%の世帯すべてを合わせたよりも多くの富をもっています。》
《アメリカは経済成長率がトップクラスで、スウェーデンより1人あたりのGDPも高いのですが、仕事に必要な読み書きができない人の割合が20・7%と、先進国中もっとも高くなっています。貧困ラインを下回る人の割合は19・1%、60歳まで生きられる見こみのない人の割合は13%です。アメリカ人の10%は日々の食べものを民間の慈善活動に頼っていて、4400万人は医療保険に加入できないでいます。》
惨憺たる状況ですね。

一方、ブラジル、ソビエト、インド、中国、南アフリカはブリックスと呼ばれ、目覚ましい発展を遂げつつある国だ。ソビエトとアメリカと、どちらが勝者であろうか？　そう簡単に決められない。

ゴータマの大予言

4 競争原理は通用しなくなる

欲望に立脚するアメリカ型資本主義

ヨーロッパに発祥した資本主義は、その最初のころはそれなりにまともであった。もちろん、資本主義経済というものは、商品生産を支配的な生産形態とする。したがって、そこでは労働者そのものが商品とされる。資本家は資本を投下して、労働者からその労働力を商品として買うのだ。労働力を買った費用と、商品を売って得た収入との差額（それを剰余価値という）が利潤になる。資本家にとってはその利潤を増大させることが至上命題になるから、逆に労働力という商品は買い叩かれる。それゆえ労働者は、資本主義経済の下では搾取され、不幸である。それが一般図式であり、その点をドイツの経済学者のマルクス（一八一八～八三）が糾弾したことは周知の事実である。

それはそうだが、前節にも述べたように、初期の資本主義はわりとまともであり、労働者の福祉という面も少しは考えられていた。それが、今日のヨーロッパの福祉国家のヴィジョンにつながる。

その資本主義がおかしくなったのは、アメリカにおいて大量生産・大量消費型の資本主義が登場してからである。そして、大量生産・大量消費を成り立たせるためには、労働者を消費者に変える必要があった。一部の富裕層だけを相手に商品を生産していたのでは、なかなか利潤が得られない。そこで労働者を消費者に変えて需要を拡大し、利潤の増大を図る。それがアメリカ型の資本主義である。

ここで注意しておかねばならぬことは、すでに前節で指摘しておいたように、労働者が消費者に変えられることによって、人間の欲望が無制限に解放されてしまったことだ。もともと人間は、そんなに欲望を持っているわけではない。古人が言ったように、

——立って半畳、寝て一畳、天下取っても二合半——

であって、住宅もそこそこの広さがあり、腹八分目に食えさえすればそれでよかった。ところが、アメリカ型資本主義によって欲望にかける歯止めが外されたもので、その結果、人間に欲望（無制限の欲望。したがって貪欲《どんよく》と呼ぶべきだ）があるのがあたりまえで、欲望のない人間（小欲な人）がおかしいと見られるようになってしまった。近年の日本の老人たちが、

「最近の若者はやる気がない」

と言って若者を批難するが、それはアメリカ型資本主義によって自分たちがギラギラとした貪欲を持たされて「欲望人間」に改造されたためである。なに、年寄りのほうがおかしいのであって、若者のほうがまともである。

まあ、ともかく、資本主義は初期のヨーロッパ型だけではなしに、新たにアメリカ型資本主義が登場した。これは、欲望をもろに肯定し、欲望の上に成り立つ資本主義である。われわれには、このアメリカ型資本主義のほうがなじみが深い。われわれが「これぞ資本主義経済」とイメージするものは、ほとんどがアメリカ型資本主義である。

労働者を奴隷にしてしまった日本型資本主義

ところが、話はそれだけではすまない。もう一つの資本主義がある。それは日本型資本主義である。

この日本型資本主義というものは、わたしは、資本の論理に最も忠実な資本主義だと思う。

本節の冒頭で言ったように、資本主義経済は商品を生産するための経済である。裏の畠で作った農作物を自分の家で調理して食っているとき、その農作物は商品ではない。したがって、その段階においては資本主義経済は始まっていない。それが商品として市場に売り出されることによって、そこから資本主義社会が芽生えてくる。このことに関しては吉本隆明がおもしろい指摘をしている。

《……ぼくの理解の仕方では、日本の社会が「現在」に入った兆候をみせたのは、一九七三（昭和四十八）年ころです。七三年を前後したときに、日本の社会が「現在」に入っていったとかんがえております。

その時期に、産業についていえば、成長率がとまって、マイナス成長に近いかたちがあらわれました。……

わかりやすい象徴をいいますと、そのときサッポロビールが「天然水№1」をはじめて発売しました。いわゆる名水というか、水を売りだしたのがこの七三年です。マルクスのように興隆期の資本主義を分析した人がいうところでは、水とか空気はたいへんな使用価値がある、つまり有用性がいっぱいあるが、価値、つまり交換価値などはないということになります。マルクスの分析のなかでは基礎的な問題意識です。ところが天然水を売るというのは、交換価値が出てきたことを意味します。それは、経済の段階で資本主義の段階がもう一段階上にいったことです。》（吉本隆明『大情況論』弓立社）

なかなかおもしろい指摘である。

江戸時代においても、茶道の師匠などは名水を求めた。だが、その名水を得るのに莫大な費用がかかったにしても、それは商品ではなかった。ところが、資本主義社会においては、水でさえ商品になる。吉本隆明は、水が商品とされた段階でもって、資本主義が一段階上にいったと捉えている。

なるほどそうかもしれない。しかし、資本主義経済は商品を生産する経済であるから、昔は野原や庭に生えている草花を採って室内に飾っていたものを、資本主義はわざわざ草花を栽培して商品にする。そういう意味では、草花が商品となることと名水が商品にされることのあいだにそれほどの差がない。あえてミネラル・ウォーターが商品化されたことを特筆する必要はなさそうだ。もっとも、吉本はこれを象徴的に語っているのであって、名水の商品化そのものを論じているわけではないから、これ以上追及する必要はなさそうだ。

で、わたしが言いたいことは、日本型資本主義においては、

――労働者の商品化――

が行なわれたことである。だが、このことも、もともと資本主義は資本家が資本を投じて労働力という商品を買って商品生産をする経済システムだから、労働者の商品化をとり

わけ強調するのはおかしいかもしれない。しかし、ヨーロッパ型の資本主義においては労働力が商品化されたのであり、アメリカ型資本主義は労働者を消費者に変えた。ところが日本型資本主義においては、労働者そのものが商品化されてしまった。労働力の商品化と労働者の商品化は同じものではない。わたしは、そこのところを強調したいのである。

では、労働者の商品化とは何か？　それは人間の商品化である。

そして、人間が商品化されたとき、その人間は奴隷である。奴隷というものは、『広辞苑』の定義によると、

《②（slave）人間としての権利・自由を認められず、他人の支配の下にさまざまな労務に服し、かつ売買・譲渡の目的とされる人。……》

とある。まさに日本の労働者は企業の支配の下に奴隷になっている。この労働者の商品化・奴隷化が日本型資本主義の大きな特色である。

日本の会社員は会社に飼われている家畜

欧米の労働者は、就業時間が終わると、まるで蜘蛛の子を散らすようにさっさと職場から消えてしまうそうだ。彼らは労働力を売っているのだから、売った時間だけを働けばよい

いのである。それ以上に働けば労働者が損をする。

それに対して日本の労働者は、就業時間が終わってもなかなか会社を去らない。あたりまえのごとく残業をする。それも、残業した時間分だけ残業手当が支払われるのであればまだしも、残業手当のないいわゆるサービス残業を強いられる。そして、そのことに対して文句を言わない。文句を言えば首切りの恐れがあると心配している。まさに奴隷根性である。

わたしは、しばしば、「二人に一個のパンしかない。どうすればよいか？」と問いを発する。すると、たいていの人は「半分こにする」と答える。ときに、わたしが宗教的な問いを発しているのだと勘繰って、「自分が満腹している状態であれば、飢えている人にあげるとよい」と答える人がいる。

だが、パンを仕事に置き換えるとどうなるか？「二人の労働者がいて、一人分の仕事しかない。どうすればよいか？」といった問いの場合でも「半分こする」、つまりワーク・シェアリングを回答できるだろうか……？　そのワーク・シェアリングをあたりまえの考え方としているのがヨーロッパ型の資本主義である。ところが、日本人の場合、

——一人を雇用し、一人を解雇する——

となる。いとも簡単にそう考える。じつは、そう考えるのが資本の論理である。資本の

論理からすれば、一人分の仕事に二人の人間を雇用し続けるのは、たとえ一人当たりの給料を半分にしても、無駄が大きい。資本は無駄を嫌う。だから、一人をリストラする。それが資本の論理であり、その資本の論理に忠実なのが日本の資本主義である。

いや、その〝リストラ〟という言葉にしても、これは本来は〝リストラクチャリング〟の略語で、事業構造を根本的に再構築して経営を革新することである。たしかに人員削減もその手法の一つではあるが、生産拠点の統廃合などの合理化策がリストラの重要な目的であって、「リストラ」イコール「人員整理・解雇」ではない。解雇は最後の手段である。少なくともヨーロッパ型の資本主義ではそのように理解されているのだが、日本型資本主義では、いとも簡単に「リストラ・イコール・解雇」になってしまう。資本の論理に忠実だからそうなるのだ。

そして、このような日本型資本主義を産み出す背景には、

——徹底した人間の商品化——

がある。同じことを繰り返し言っていることになるが、資本主義は労働力を商品化するシステムであるが、労働者という人間を商品化するシステムではない。ところが日本型資本主義においては人間そのものが商品化されてしまった。そこのところに根本的な問題がある。

じつは、それが顕著になったのは、二〇〇八年九月のリーマンブラザーズ証券の破綻をきっかけに広がった世界的な不況の影響の下に始まった、いわゆる「派遣切り」と呼ばれる派遣労働者の契約中途解除や契約打切りである。いくら人間の商品化が進んだ日本でも、正社員の解雇はそう簡単にできない。そこで日本の企業は、パートタイマーや派遣労働者などの非正規労働者を真っ先に雇用調整の対象とする。彼らは商品であるから、不要になれば契約を打ち切って平気である。買う／買わないはわたしの勝手でしょ、というわけである。

いや、そもそも派遣労働者といった考え方そのものが、人間を商品化したものである。ファクシミリやオフィス機器をレンタルする感覚で労働者が扱われている。商品であるから、不要になれば契約を打ち切っても、雇用側に何の責任もない。まことにおかしな社会風土になっているが、それをおかしいと感じる人が少ない。それをおかしいと感じる人が少ないということが、いちばんの異常であるとわたしは思うのだが……。

では、なぜ、日本はこのようなおかしな国になったか？

それは、明治以後の天皇制国家において、徹底した「臣民教育」が施されたためである。日本人は学校教育において、

「きみたちの命は天皇陛下のものである」

と骨の髄まで叩き込まれた。そして徴兵された兵士は、

「おまえらの命は、郵便料金ぐらいの値段だ。召集令状を郵便で送れば、すぐに補充がきく。しかし、軍馬はそうはいかない。おまえら兵士の値段より、軍馬のほうが値段が高い。だから、軍馬は大事に扱え！」

と言われていたそうだ。これは、人間の家畜化である。臣民教育は人間の家畜化を推進してきたのである。

そのような教育は、敗戦によって天皇制国家が瓦解したとき、ちゃんと廃止しておけばよかった。それを廃止しないで残したがために、天皇制国家における兵士教育という目的の「人間の家畜化」教育が、現代の産業兵士教育という「人間の家畜化」教育になってしまった。そこではエコノミック・アニマルという家畜が養成されている。〝アニマル〟とは家畜である。そして、家畜は売買されるから商品である。そこでは労働者が商品とされるのは当然である。だから、現代日本の会社員を呼ぶのに〝社奴〟があり〝社畜〟といった言葉があるのだ。会社の奴隷だから社奴。家に飼われる動物は家畜であるが、現代のサラリーマンは会社に飼われているから社畜なのである。

ホッブズとアダム・スミス

吉本隆明は、資本主義社会において水が商品化されたことに着目した。おもしろい着眼であるが、しかし日本型資本主義においてわれわれが真に驚くべきことは、人間そのものが商品化されてしまったことではなかろうか。われわれの日常会話においても、「自分をもっと高く売り込めるような人間になりなさい」「目下売り出し中のあのスター」といった表現を平気で使っている。その結果、日本型資本主義は、

――市場主義経済――

になってしまった。市場主義経済はまた市場経済ともいう。

もっとも、市場経済という言葉は昔からあったもので、経済活動を民間の意思決定にまかせ、市場による価格調整でもって全体の調和を図る経済制度をいう。したがって、市場経済に対比されるものは計画経済である。

ところで、ちょっと考えると分かることだが、あらゆる経済行為の基盤にあるのは人間の利己心である。そこで問題は、この利己心を無条件に承認してしまうと、社会的な調和・協同が得られなくなるのではないかといった心配である。

それに対しては、イギリスの哲学者のホッブズ（一五八八〜一六七九）は、自由な個人の活動を認めると（つまり利己心による経済行為を無条件に認めてしまうと）、

――「万人による万人に対する闘争」といった状態――

に陥ってしまうと指摘した。ホッブズは、そのような状態を「自然状態」であるとして、そうした自然状態に陥らないためには国家が必要だと主張する。つまり、彼は市場経済は闘争状態をもたらすもので、計画経済でなければならないとした。もっとも、ホッブズは経済そのものについては深く論じていない。

ホッブズと正反対の主張をしたのが、イギリスの古典派経済学の創始者と呼ばれるアダム・スミス（一七二三〜九〇）である。彼は市場経済の支持者である。

では、なぜ利己心による経済行為であるにもかかわらず、闘争状態にならずに社会的な調和が得られるのかといえば、アダム・スミスは、その背後に、

――神の見えざる手――

が働いているからだと言う。その「見えざる手」に導かれて、利己的な経済行為が結局は公共の福祉を増進する、というのが彼の考え方である。

でも、われわれとしては、アダム・スミスの発言をそのまま率直に認めることができない。本当にそんな「神の見えざる手」が働くのか⁈　働くと考えるのは彼の信仰ではない

か?! そう思ってしまう。

じつは、わたしは三十年以上も昔に勉強したことを思い出しながらこれを書いている。そしてその三十年以上も昔に、このアダム・スミスの「神の見えざる手」に対して疑問を持った。

そこでわたしは、彼の『道徳感情論』（一七五九年刊。邦訳は米村富男訳『道徳情操論』二巻、日光書院）を読んだ。アダム・スミスは、日本では経済学者として知られ、著書としては『諸国民の富』（一七七六年刊。これは日本では『国富論』と呼ばれている）が有名であるが、彼は最初はグラスゴー大学の道徳哲学教授であった。そして『道徳感情論』を出版し、それによって内外で高く評価されるようになったのだ。『諸国民の富』の出版はそれから十七年後である。

その『道徳感情論』を読んで、アダム・スミスがなぜ「神の見えざる手」といった概念を考えたのか明らかになった。すなわち、彼は人間の徳性を信じているのである。そして、その徳性は中庸にある。この中庸は、仏教でいう中道に近いものであり、「ほどほどの原理」といってもよい。あるいは「少欲知足」（欲望を少なくし、足るを知ること）である。したがってアダム・スミスは、欲望を無条件に解放してしまったアメリカ型資本主義、そしてそのアメリカ型資本主義の亜流である日本型資本主義なんてものを想像すらしなかった。人間であるかぎり、欲望を抑制するのは当然であり、欲望を無条件に解放すれば畜生（アニマル）になってしまう。つまり、アダム・スミスは「人間の経済学」を考えたのであり、現代のアメリカ型資本主義や日本型資本主義は「畜生の経済学」である。「畜生の経済学」には、「神の見えざる手」なんて働くはずがない。そこでは、ホッブズが言うように、「万人による万人に対する闘争原理」のみが働く。だから、アメリカや日本の社会においては、殺す相手は誰でもよいといった無差別殺人事件が多発するのである。

なお、少し補正しておくと、アダム・スミスは、この中庸という人間の徳性は、共感（シンパシー。sympathy）によって活性化されると言っている。いま、〝シンパシー〟を〝共感〟と訳したが、これは〝同感〟と訳してもいいし、〝同情〟と訳してもよい。他人の苦しみに共感できるのが人間であり、共感をすれば自然と「神の見えざる手」が働く。現代の日本人は首を切られる派遣社員に共感できないから、あらゆる経済行為が地獄をつくりだす結果になっている。こんな社会はゴータマの大予言の通り、遠からず崩壊するであろう。いや、崩壊させたほうがよい。

なお、わたしは〝神の見えざる手〟と書いた。多くの学者がそう言っているもので、それに従ったが、わたしが『国富論』を読んだとき、その中には一度も〝神の見えざる手〟などといった表現は出てこなかった。アダム・スミスは、〝見えざる手〟と書いている。

もっとも、それを〝神の見えざる手〟と表現しても、内容的にはまちがいはないが……。

人間を不幸にする日本の労働環境

えらく学術的になってしまった。わたしは学術論文を書く気はないし、だいいちその能力もない。だが、筆の勢いは恐ろしいもので、哲学や経済学を論じてしまった。ちょっと反省している。読者は面倒であれば、ここのところは流し読みにしてください。いえ、そう言われるまでもなく、きっと読み流しておられるであろうが……。

ともあれ、市場経済にはどこかで「神の見えざる手」が働くはずだ。そしてそれが働かないと、その社会はホッブズが言うような「闘争状態」になってしまう。ところが、現代日本の社会は、まさしくその「闘争状態」になっている。他人に対する共感（同情、思い遣《や》り）がない。派遣社員が首切られるのを正規の社員が黙って見ている。心の中では、〈だって彼らは正社員じゃないのだから、仕事が少なくなれば解雇されて当然ではないか。そういう契約なんだろう。いちいち文句を言うな〉

と思っている。その思考は完全に資本の論理である。この資本の論理を振り回されると、「神の見えざる手」が働く余地がなくなる。その結果、その社会は地獄（闘争状態）になる。

だとすると、「神の見えざる手」の働かない経済体制を、市場経済と呼ぶのはおかしい。そこでわたしは、その社会を地獄（闘争状態）にしてしまうような経済体制を、

――市場主義経済――

と呼びたい。つまり、市場経済と市場主義経済を区別するのだ。そうすると、アメリカ型資本主義と日本型資本主義は市場主義経済と呼ばれることになる。

では、市場経済と市場主義経済の違いは何か……？

いままで述べたところをまとめるなら、まず市場経済（ヨーロッパ型資本主義と呼んでもよい）は、その基盤に共感が働いている経済体制である。共感は仲間意識である。あるいは労働者の連帯である。

それに対して市場主義経済（アメリカ型資本主義・日本型資本主義）は、ただただ資本の論理だけが通用する経済体制である。そこでは人間的な要素は切り捨てられる。人間は商品とされ、奴隷とされる。あるいは家畜にされる。家畜といえば競走馬。労働者は競走馬さながらに鞭と人参でもって猛烈な競争を強いられる。そう、そこでは競争原理が支配的な原理となる。

こんな例で考えてみるとよい。

タクシー会社で、運転手へ還元する歩合の比率を、売り上げ高の平均より上か下かで違《たが》

えているところがある。どれぐらいの比率かよく知らないが、たとえば平均額を上回ると六〇パーセント、下だと四〇パーセントにする。これを競争制と名づけよう。

一方、ノルマ制がある。〝ノルマ〟という言葉は、もとはラテン語で「規範・標準」の意味であるが、これが一般に使われるようになったのはソビエトの社会主義社会においてであった。そこでは労働の最低基準量が決められていた。それがノルマである。

わたしはタクシーの運転手から聞いたことがあるが、ノルマが決められていると運転手は気分的に楽であるそうだ。あと少し稼げばノルマが達成できるといった心の余裕があるから、かりに近距離の客であっても親切に応対できる。けれども、競争制だと、他人がどれぐらい売り上げているか分からないから、常にいらいらした気分でいる。そんなところにワン・メーターの客が乗り込んでくれば、つい応対が刺々《とげとげ》しくなる。ある運転手はそのように語った。

つまり、競争制というのは、ホッブズの言う「万人による万人に対する闘争」状態を生みだすわけだ。本当は、同じ会社に雇用されている労働者は仲間なはずだ。いや、同じ会社の人間ばかりではない。他のタクシー会社の運転手だって仲間であるはずだ。いやいや、人間はみんな仲間であるはずだ。ところが、われわれの心のうちに競争原理が忍び込んでくると、まずライバル会社の社員が敵になり、さらには自分の所属する会社の社員だって敵になる。他の運転手の売り上げが低ければ自分の利益になるのだから、他人の不幸を願うようになってしまう。

本来、ヨーロッパで発祥した資本主義は、ホッブズの言う「闘争状態」に陥らないようにするための工夫をこらしていた。たとえば産業別労働組合というのがそれである。ところが、日本型資本主義は、労働者を商品にし、産業別労働組合ではなく企業別労働組合にしてしまった。企業別労働組合というものは、労働者をそれぞれの企業の奴隷にするものである。本当の労働組合ではない。それどころか、日本にはその企業別労働組合すらない企業がある。何をか言わんや、である。

ともあれ、現代日本の労働環境は人間を不幸にするシステムになっている。

日本型資本主義はやがて行き詰まる

さて、ゴータマの大予言を聞いてみよう。

じつは、この点に関しては、MGD財閥の会長のノートにおもしろい記述がある。

――ササ（草）はどうすればよかったたか？　わしがそう尋ねると、ゴータマは言った。

「競争しなければよい」と。最初、わしには、その意味が分からなかった――

わたしはこのように暗号解読をした。でも、これじゃあちんぷんかんぷんである。何のことだか分からない。それでもう一度暗号解読をしなおすと、わたしが〝ササ〟と解読したのはまちがいで、正しくは〝シャシャ〟であることが分かった。〝シャシャ〟であれば、サンスクリット語で「兎」である（〝ササ〟は「草」）。そうすると、MGD財閥の会長はゴータマに、

「兎はどうすればよかったのか？」

と質問したことになる。つまり、例の「兎と亀」の競争の話だ。あの話は「イソップ物語」の一話になっているが、じつはインドの昔噺にもある。学者のうちには、インドの昔噺がギリシアに伝わったとする人もいる。反対に、ギリシアからインドに伝わったとする学者もいる。いまは、それはどちらでもいい。ともかく「兎と亀」の話で、あの兎はどうすべきであったかを、会長はゴータマに尋ねたのだ。

たぶん会長は、ゴータマが、「兎が油断をしたのがいけない」と答えることを予測していたであろう。しかし、ゴータマの答えは違った。

「兎と亀は競争をしなければよかった」

それがゴータマの答えだ。会長には、なぜそのような答えが返ってくるのか、よく分からなかったというのである。

ゴータマが言いたかったことは、おそらく、

——競争原理は悪である——

ということだと思われる。兎は脚が速い。亀は鈍足である。しかし、速く走れる者が立派で、鈍足が悪いわけではない。それぞれが個性である。したがって、そもそも兎と亀が競争すること自体がまちがっているのだ。ゴータマはそれを言ったのである。

それゆえ、人間のうちには、脚の速い者もいれば鈍足の者もいる。それは個性なのだ。努力家もいれば怠け者もいる。頭のいい者もいれば、鈍い者もいる。みんな個性だ。それを競わせることは悪である。

そうすると、競争原理が悪であれば、悪であるものが永遠不変に世の中を支配し続けるわけがない。いずれ悪は通用しなくなる。

そこで、ゴータマの大予言が出てくる。

——競争原理はいずれ通用しなくなる——

ということは、競争原理に立脚している日本型資本主義はいずれ崩壊するわけだ。競争は勝者と敗者をつくりだす。そして、敗者は不幸な人生を送らねばならぬ。敗者を不幸にする競争にいかなる意味があるのか?! 競争を讃美する人は、敗者を嘲笑《せせらわら》う鬼みたいな人間だ。

しかも、勝者は、いったんは勝者になることができても、いずれ次の競争で敗者になる可能性がある。次の競争に勝つことができても、勝者はさらに次の競争に挑まねばならぬ。永遠に終りのない競争を続けねばならない。あなたはそんな人生を送りたいのか?! ゴータマの大予言はそのことを言っている。

＊

アメリカ型資本主義は、欲望の肥大化の上に成り立っている。どんどんどんどん欲望を増大させる。その挙句はパンクである。蛙が腹をどんどんどんどん膨らませた結果、腹がパンクしたのと同じである。

日本型資本主義は人間を商品化し、商品となった人間を資本の論理にしたがって競争させる。そういう競争原理に立脚している。競争は敗者をつくりだす。競争はどこまでもどこまでも敗者を生みだし、ついにたった一人を除いて全員が敗者になる。そのたった一人の勝者も、やがて老い衰え死んでいく。勝者がいなくなる。敗者ばかりになったとき、誰も競争できなくなってしまう。それが日本型資本主義の運命である。やがて日本型資本主義が通用しなくなり、それに立脚している日本という国が潰れる。

ゴータマの大予言は、そういう未来像を描いている。

では、そういう未来において、われわれはどう生きればよいか……?

問題は、われわれの生き方である。

ゴータマの大予言

5 これからは家族の絆が強まる

自由と解放とは違っている

〝絆〟といった言葉は、最近は「連帯」の意味に使われることが多いようだ。けれども、たとえば『広辞苑』は、

《……②断つにしのびない恩愛。離れがたい情愛。ほだし。係累。緊縛。……》

と解説しているように、本来はむしろ「束縛」を意味していた。

したがって、じつは「家族の絆」といった場合、〝絆〟にはこの二面性がついて回る。

家族の絆が強いことによって、家族は団結して外敵に対抗することができる。また、家族がお互いに他の家族を庇《かば》い合い、家族の中で安心して生活ができる。けれども、家族は同時に束縛になり、構成員の自由が制約されるのである。

じつをいえば、ゴータマは風来坊である。彼はある零細企業の社長の息子であり、美人

の妻があり、男の子が生まれていたにもかかわらず、何を思ったか二十九歳のときに家を飛び出してホームレスになった。今日の言葉でいえば、彼は蒸発亭主なのだ。それ以後、彼は定職に就かず、暢気《のんき》にぶらぶらと暮らしている。そして、ときどきMGD財閥の会長室に姿を見せる。

もっとも、MGD財閥の会長も、六十歳の還暦をすぎたころ、息子に会長職を奪われてしまった。そして名誉顧問という肩書きで、会社の片隅の小部屋に押し込められている。MGD財閥の幹部たちは、その小部屋を〝座敷牢〟と呼んでいるが、名誉顧問はいっこうに気にしていない。また、そこを訪ねて来るゴータマも、会長が権限を失ったことを気にする様子もない。どうやら二人は似た者同士で、浮世離れした人間であるらしい。

そのMGD財閥の元会長、のちの名誉顧問は暗号でもってノートを書いていた。そのノートにはさまざまなことが、あまり脈絡を考慮することなく書き込まれている。ゴータマとの会話も書き込まれているのだが、いろんな機会の会話があちこちに断片的に書かれているので、われわれはそれを拾ってきてジグソー・パズルのように組み合わせて一つの絵にせねばならぬ。もっとも、われわれは別段、会話を厳密に法定調書のように復元する必要はない。いわば小説のように二人の会話を復元すればよいのだ。そうすると、二人は次のように会話をしたことになる。

「そなたは、二十九歳のときに家を出たのであったな」

「そうです」

「それは、家を束縛に感じて、その束縛から自由になりたいがためであった。そう考えてよろしいか？」

「いや、そうではない。わたしは家を束縛だと思ったことはない」

「では、何のために家を捨てるようなことをされたのか……？」

「会長よ、わたしは自由を求めて家を出たのです」

もうこのときは、彼は名誉顧問という名の座敷牢の囚人であって、会長ではない。だが、ゴータマは、彼を最後まで〝会長〟と呼んでいる。

ところで、どうやら会長はゴータマのこの返答に戸惑ったらしい。ゴータマの言っていることと、その行動が一致しないからである。

「〝自由を求めて家を出た〟とそなたは言った。それならば、家は束縛ではないのか？束縛だからこそ、自由を求めるのであろう」

「会長よ、あなたは〝自由〟と〝解放〟とを混同している。束縛されている人間は解放を求める。解放というのは、束縛からの解放である。しかし、自由を求めるというのは、それとは違っている」

「で、どう違うのだ……？」

「どう違うと言われても、いまの説明を繰り返すよりほかない。鎖に繋がれた人間は、その鎖から解放されたいと願いますよね。それが解放ですよ。しかし、鎖に繋がれていない人間は、解放なんて願いませんよ。鎖に繋がれていない人間が求めるのは自由です。わたしはその自由を求めたのです」

「うーん、分かるようで分からんな。いや、わしにはそなたの言うことが完全には分からん。でも、そこまで分かる必要のないことだけは分かったよ。この話は、ここで打ち切ろう」

世間がわれわれを束縛している

たしかに会長の言う通りである。

会長は経営畑で生きてきた人間であり、ゴータマの哲学論議について行けなくて当然である。わたしだって、会長のノートの暗号解読をして、それを日本語に訳すとき、だいぶ苦労をした。苦労をしてあれこれ考えた末、〝自由〟と〝解放〟と訳してみたのだが、これが適訳か否か、それほど自信はない。

わたしもあまり哲学論議をする気はない。だが、ちょっとだけ哲学的なことを言わせていただく。たとえば英語だと、「自由」を意味する語に〝フリーダム〟と〝リバティ〟の二つがある。前者の〝フリーダム〟はゲルマン語系の単語で、ドイツ語の〝フライハイト〟と同じ。後者の〝リバティ〟のほうはフランス語の〝リベルテ〟と同じで、ラテン語の〝リベルタス〟に由来する単語である。

そして、ラテン語の〝リベルタス〟は、基本的には奴隷の身分から「解放」されることを意味した。したがって、これを〝自由〟と訳すのであれば、その「自由」は「〜からの自由」になる。

一方、〝フライハイト〟(ドイツ語)と〝フリーダム〟(英語)は、freeが「仲良し、友だち」を意味し、家長と仲良くなり、家長に気に入られて、自由に振舞えることを意味する。ちょっと変な例であるが、たとえば江戸のやくざの組織において、親分に気に入られて「子分」(うちの組の人間)と認められると、わがフライハイトであり、フリーダムである。したがって、こちらのほうは「〜への自由」である。

ゴータマが言ったのは、このことであろう。

会長は、ゴータマが家を束縛、拘束と感じて、その鎖から自由になるために(つまり、解放されるために)家を出たと思った。しかし、ゴータマは、自分は家を束縛とは思っていない。だから、家からの解放を求めたのではない。自分が家を出たのは、もっと違う意味での「自由」を求めたからだ。そんなふうにゴータマは語った。

それを言い換えれば、会長は、ゴータマが、

――束縛から解放されたいという消極的な自由――

を求めた、と考えた。だが、ゴータマはそんな消極的な自由を求めたのではない。ゴータマが求めたのは、

――何かを求めて行動するための積極的な自由――

である。わたしはそのように推測している。

けれども、ゴータマの真意をこのように読み取ることは、MGD財閥の会長には無理である。だが、読み取れなかったということで会長を責めてはいけない。

それから、わたしが思うことは、おそらくゴータマの家族は、突然家を出て行った彼の真意が分からず、自分勝手な彼を恨んだであろうということだ。とくにゴータマの妻は、

〈あなたは、わたしに何の不満があって家を出て行ったのですか?! わたしを捨て、小さな息子を捨てて家を出て行ったあなたは、冷血漢そのものです〉

と思ったに違いない。わたしは彼女に同情する。

しかし、ゴータマは、家を桎梏《しっこく》と思ったのではない。家族に不満を持ったのではない。

そのことは、会長のノートに、

「きょう、ゴータマは言った。解放は、家からの解放ではない。世間からの解放である、と。そうだ！　世間こそがわれわれを束縛しているのだ！」

とあるのを見ても分かる。ところで、会長が書き留めておいてくれたこの言葉、なかなかいい言葉ではないか。よくぞこれを書き留めておいてくれた——と、われわれは会長に感謝せねばならぬ。

ナメクジになるな！　カタツムリであれ！

そこで、こういうことが言えるであろう。

ゴータマは家を捨てて風来坊になったが、決して彼は家の存在価値を貶《おとし》めていなかった、と。会長のノートを丹念に読めば分かることだが、それどころかむしろ彼は家の存在を重視していた。たとえば彼は、

——ナメクジはいけない。カタツムリでなければいけない——

と言ったようである。最初、わたしはこの発言の意味が分からなかった。暗号解読のまちがいかと思ったりしたが、解読にまちがいはない。何度も何度も前後を読んでみてようやく分かったのは、カタツムリは「家」を背負っている。その「家」を失くしたのがナメ

クジだ。ゴータマは「家」の重要性を語っていたのであった。

ところが、一方において、われわれ日本人は「家」を軽視している。戦後の一時期、人々は古い制度を〝封建的〟と呼んで糾弾し、それを打ち毀《こわ》そうとした。ちょっと古臭いことを言っただけで、「うちのオヤジは封建的だ！」と子どもたちから糾弾される。わたしは糾弾された側ではなしに、糾弾したほうであるが……。そして、その封建的なものの代表は「家」であった。とくに女性は、封建時代からずっと「家」に縛りつけられていた存在であって、「家」から解放されることが何よりの急務とされていた。まさに、カタツムリはよくない。おまえたちは「家」を捨ててナメクジになれ！　である。

その風潮はその後も続いた。女性はナメクジになって社会に進出した。もっともっとナメクジを多くするために、一九八五年には「男女雇用機会均等法」なるものがつくられ、女性の社会進出を煽り立てた。

その結果が「家」の潰滅である。

そりゃあ、そうでしょうよ。ナメクジが多くなることはカタツムリが少なくなることだ。カタツムリがいないと「家」は潰れてしまう。働き盛りはみんなナメクジになり、子どもや老人だけがカタツムリとして「家」に残る。その老人も老人ホームに行き、子どもは赤ん坊のころから保育園に預けられ、「家」は塒《ねぐら》でしかなくなる。それが日本の現状だ。

で、ナメクジになって、女性は幸せか？　女性が幸せになるどころか、男も女もともに不幸になってしまった。なぜなら、男性はもともとナメクジだ。男は昔から、家の外へ出て働かねばならぬ気の毒なナメクジであった。そこに、女性がナメクジになって加わる。ナメクジの数が増える。そうすると、ナメクジ一匹（失礼、一人ですね）当たりの取り分は減少する。まあ、高度経済成長ということで、パイが大きくなっているあいだは、ナメクジの数が増えても分配される量の減少は目立たないが、景気が悪くなると取り分の減少は致命的になる。それが日本経済の現状である。

それもこれも、すべてはカタツムリのナメクジ化が原因だ。わたしはそう思う。

そこで、こういう日本の現状に合わせて、われわれはゴータマの発言を解読し、解釈することにしよう。そうすると、ゴータマが次のように大予言をしていることが分かる。

――これからの日本においては、家族の絆が強まる――

なぜ、このような大予言が出てくるのか？　われわれが現代日本の状況に鑑みるなら、まず最初に、

「もっと家族の絆を強めなければならない」

といった至上命題が出てくることはお分かりになるはずだ。そして、その至上命題を前提にして人類の歴史を考察すれば、

「人類はいつの時代でも、家族の絆を大事にしてきた」ことが分かる。その結果、

「これからの日本においては、家族の絆がもっと強まるはずだ」

となり、そしてゴータマの大予言となるのである。したがってこれは、ある意味では歴史の必然性を言っているのである。

家の中に侵入する国家権力

――法は家庭に入らない――

そのような法諺《ほうげん》がある。法諺というのは法律に関することわざで、たとえば「疑わしきは罰せず」というのがそれである。

柴田光蔵『ことわざの知恵・法の知恵』（講談社現代新書）は、この法諺について次のように言っている。

《出所は不明ですが、どことなくヨーロッパ製の匂いはしてきますね。法がそこそこ完備した国でありながら、法を家の内へ入らせなかった国のチャンピオンはローマでしょう。ここでは、家というのは「国家のなかの国家」とまで形容できるくらいの権威をもってお

りまして、家長は絶対的支配者として家のメンバーに君臨したものでした。時代が下るにつれて、国家権力は徐々に家のなかまでおしいってきますが、現代における家は、そういった流れの最後の方に位置しているのでしょう。》

イギリス人などは、よく、

——家は城なり——

と言う。これはイギリスの法諺であって、言いたいことは、柴田氏が言う、家は「国家の中の国家」と同じである。家長の絶対的な権力が確立されている家の中には、国家権力も侵入できなかったのである。昔のヨーロッパはそうであった。

だが、これだと、国家としては困るのである。たとえば、国家は国民を兵士として徴兵したい。が、誰を徴兵するか、いちいち家長と相談せねばならぬのでは面倒だ。それに、家長はきっと屑の人間（そういう言い方はよくないが）を差し出してくるに違いない。それじゃあ強い軍隊を編成できない。国家は国家のメガネで徴兵したい。それには家という城を壊さねばならぬ。ということで、ヨーロッパにおいても、時代が下がるにつれて家を破壊することによって国家権力が家の中まで侵入するようになった。それが柴田氏の指摘である。

アメリカの場合は、もっとひどい。前にも述べたが、アメリカ型の資本主義は労働者を消費者にしてしまった。消費者はナメクジだ。カタツムリではないから、初めから家なんて持っていない。だから、アメリカにおいては国家権力がほしいままに消費者を操っている。

「家」を解体した日本の悲劇

さらにもっとひどいのが日本だ。

明治維新によって成立した天皇制国家は、国民を全員ナメクジにしたかった。欧米の列強によって日本が植民地にされないようにするには、強い軍隊をつくるよりほかない。強い軍隊をつくるためには、徴兵した兵士が天皇に忠誠を誓わなければならない。家長の絶対的な権限があって、みんなが家長に忠誠を誓っているようでは困る。そこで国民を家から外におっぽり出して、みんなをナメクジにしたい。みんながみんな天皇に忠誠を誓うようにすることが、近代国家としての日本の急務である。そこで明治政府は、「家」という城を無血開城させるべく、さまざまな政策を実施した。

その結果、明治・大正・昭和の三代にわたって家の解体作業が遂行された。そして、ついに日本人は一人残らず、

――天皇陛下の赤子《せきし》――

にされてしまった。「わたしは春山家の人間です」「わたしは夏川家の人間だ」「俺は秋山家の人間だ」「あたいは冬川家の次女です」と、普通であればそうあるところを、「わたくしは天皇陛下の子どもです。わたしの命は天皇陛下のものです」と言わされるようになった。一九四五年の敗戦までは、そういう状況であった。それが国民のナメクジ化であった。

しかも、すでに述べたように、家の解体は戦後も続いた。とくに長子相続制度の廃止と相続税の重税化によって、一九四五年以後のほうが家の崩壊はすさまじい進行ぶりである。もう、日本のどこにもカタツムリはいない。ナメクジばかりがうようよしている。

で、そうなってどこが悪いのだ?! そう問われる人が必ずいる。家の桎梏から解放されたのはいいことではないか?! どこが悪いって……?! たとえば、ですね。わたしの知っているパキスタン人は、二百七十七人家族である。インド人に家族の人数を訊《き》くと、五十人、六十人、七十人といった数字が返ってくる。これは同居の家族ではない。いわゆる一族といった意味である。ヨーロッパ人も、そのような意識を持っている。

家族の人数が三人、四人、五人と答えるのは、日本人とアメリカ人である。最近の中国人も、二人家族、三人家族という人が多い。

五十人、六十人の家族だと、誰かが病気をしても、家族が面倒を見てくれる。失業しても、それほど困らない。わたしの知人のパキスタン人は、会社員をやめて日本に遊びに来ていたが、帰国すれば子どもたち（二、三十人もいるそうだ）の学習を指導すると言っていた。それで食っていけるのである。

老人の面倒は、老人がみる。まだ元気な老人が、認知症の老人の面倒をみるのだ。そうやって順繰りに面倒をみるから、認知症になってもそれほど困りはしない。

それに第一、失業保険をかける必要はない。家族の誰かが困ると、みんなでサポートすればいいからだ。生命保険なんてまったく不要。老後の面倒は、家族のみんながみてくれる。

それが家族というものである。

わたしたちは老後のために生命保険に入り、あくせく働いて掛金を払う。わたしたちが汗水たらして働いているが、生命保険会社は都会の一等地に立派なビルを建てている。家族が助け合っていれば、生命保険会社は不要だし、過労死するまで働く必要もない。

まあ、ともかく、ゴータマは、「これからの日本においては、家族の絆が強まる」と大予言している。わたしも賛成だ。強まるのではなしに強めなければならない。わたしはそう思っている。

第Ⅱ部　ゴータマの大提言

――あなたの生き方――

ゴータマの大提言

前口上

ゴータマは風来坊である。そのことは何度も述べた。風来坊は風来人ともいう。風狂の人だ。風のままに流離《さすら》う人である。それゆえ住所がない。現代の言葉だとホームレスである。

しかし、MGD財閥の会長は、ゴータマと初めて会ったとき、彼に住居を提供したらしい。住居といっても、大邸宅でないことはもちろんである。雨露をしのぐ程度の荒屋《あばらや》であるが、それでもいちおうはゴータマの住まいである。MGD財閥の本拠のあるインドの大都会には、ゴータマの住居があった。

でも、彼はほとんどそこにいない。根っからの風来坊であるゴータマは、一年の大半を旅に出ているようだ。ただ、雨季の三か月間は荒屋に戻って生活するらしい。インドには雨季があるが、この期間は旅行するのに不便である。ひどいときは村全体が洪水によって水浸しになる。村人の住まいは、だいたいが高い場所に建てられているが、それが大きな池のあちこちに島となって存在している状態になる。だから、道なんてなくなる。とても旅などはできない。また、無理に旅をすると、伝染病にやられてしまう。それでその雨季の期間、ゴータマは荒屋に戻っておとなしくしているらしい。そして、雨季が終わると、彼はまたぶらりと旅に出る。そういう生活を、かれこれ四十年も続けている。

ゴータマがMGD財閥の会長室にやって来るのは、だから雨季の期間中が多い。もっとも、ときには乾季にも顔を見せる。おそらく風来坊があちこちに旅をして、その旅の途中でちょっと自分の荒屋に立ち寄った。そのついでにMGD財閥の本拠に訪ねて来るのであろう。そんなときは、会長は、

「ほう、珍しいのう……こんどは、どこから来て、どこへ行く途中だ？」

と声をかける。しかし、ゴータマは、その質問には、

「さあ……」

と言ったきり、一度もまともに答えたことがない。どこからどこへ旅をするか、ゴータマには関心がない。足の向くままだ。それゆえ彼は、自分がいま、どこを旅しているか、その地名さえ知らないのかもしれない。

あるとき、会長は、やって来たゴータマに例によって例の言葉をかけた。

「で、こんどはどこを旅して来た？　そして、次にはどこに行く予定か？」

すると、ゴータマはこう言ったらしい。会長のノートには、「ゴータマが言った」として、次の言葉が記されている。

——人生というものは、此岸《しがん》から彼岸《ひがん》に架けられた長い橋である。橋は、ただ渡ればよい。橋の上に豪邸を建てようとしてはならぬ——

けだし名言である。会長はこの言葉にいたく感銘を受けたようである。

——ひょっとしたら、わしは、橋の上に豪邸を建てようとしたのかもしれない——

会長はそのような覚え書きを付記している。

というのは、前にも言ったように、MGD財閥の会長は晩年に息子によってあらゆる実権を奪われ、幹部たちが〝座敷牢〟と呼ぶ名誉顧問室に閉じ籠められてしまった。自分が築いたインド第一の大財閥という豪邸が、彼にとっては座敷牢に変じたわけだ。考えようによれば、彼の生涯は橋の上に座敷牢を築くための一生であったことになる。だからこそ、会長はゴータマの言葉に大きな感慨を持ったのであろう。

ともかく会長は、座敷牢の中で、人間としての生き方をしみじみと考えていたようだ。彼が座敷牢に追いやられたのは還暦をすぎてからである。だから、彼が人生をもう一度やり直すには遅すぎる。いくら反省したって、どうにもならない。その意味では、「人間としての生き方」を考えれば、それは悔恨になってしまう。

そのようなときに、つまりMGD財閥の元会長が、

〈いったい俺の人生って何だったんだろう……〉

と、後悔の臍《ほぞ》を噬《か》んでいるときに、ゴータマがひょこっと顔を出してくれる。元会長はゴータマとの雑談に興じる。その雑談の中で、ゴータマが、これもひょこっと名言を口にする。その名言が会長（いちいち〝元〟をつけるのは面倒だから、会長にしておく）のもやもやを吹き飛ばしてくれる。会長のノートには、彼を救ってくれたゴータマの名言が数多く記されている。

その名言のうちでも、とりわけ会長が痺れたのが先程紹介した言葉である。会長は、

――これこそが、人生を生きる基本原理である――

と書いている。わたしもそれに同感である。それゆえ、われわれはこの言葉を、ゴータマからわれわれに教示された「人間の生き方の基本原理」と認定することにしたい。それは、すなわち、

――人生は橋だ。橋は渡れ！　橋の上に住もうとするな！――

である。なかなかいい言葉である。読者もそう思われますよね。

読者もそう思われる、と書いてはみたが、けれども、実際に読者がわたしや会長に同感

されるとは思えない。ほとんどの読者は、

〈何を馬鹿なことを言っている?! それじゃあ、この人生はどうだっていいということになる。われわれは立派な人生を送らねばならない。すばらしい人生を送るように努力せねばならない。それが人間として生まれてきた者の責務である。ゴータマはまちがっている。ゴータマを持ち上げるおまえがおかしい〉

と思われるであろう。まあ、読者がそう思われるであろうことは、わたしにはちゃんと分かっている。

だが、読者がなぜそう思われるかといえば、それは読者が人生という橋を此岸から眺めているからである。MGD財閥の会長は、もう橋をほとんど渡りきって彼岸の近くまで来ている。しかも、その彼岸の近くには座敷牢があり、彼はその座敷牢に幽閉されている。その囚人にとって、これまで渡って来た橋が豪華であろうとオンボロであろうと関係ない。その橋を逆戻りするわけではないのだから。会長にとっては、「人生は橋だ。橋は渡れ!」といったゴータマの言葉が救いになるのは当然であろう。

読者のうちで、晩年になって事業に大失敗した人がおいでになれば、きっと会長の考えに同調されるはずだ。まじめに会社に勤めて、がんばりにがんばって働いてきたサラリーマンが、五十歳をすぎたある日、リストラされて職を失った。〈あーあ、俺は何のためにあくせく働いてきたのか?!〉と溜め息が出るはずだ。その人にとって、橋が豪華かオンボロか、そんなことは問題にならない。

あなたが、もしも橋を立派にすることを考えているなら、あなたのほうがおかしい。数多くの勲章で飾り立てられた橋、立派な肩書きや世間からの称讃の言葉で装飾された橋がいい橋か?! 彼岸に渡ってしまえば、橋なんてどうでもよくなる。

だから、橋の上に住もうとしてはいけないのである。橋に執着するな! である。

橋はただ渡ればよい。

問題は、どのように渡るか、その渡り方である。

ゆっくり渡ったほうがいいのか?! それとも急いで渡るべきか? 転んだときはどうする? 混雑していれば……? いろいろと問題がある。われわれはその橋の渡り方を、MGD財閥の会長のノートにあるゴータマの大提言（第I部は大予言であった。この第II部は大提言にしておく）を参考にしながら考察することにしよう。

ゴータマの大提言

1 世間を馬鹿にせよ

世間の期待に応えるとカメレオンになる

第I部の最後の章で、ゴータマは自由を求めて家を出て風来坊となった、と記した。彼は世間の束縛から解放されたかったのだ。

世間はわれわれに重圧をかけてくる。われわれは世間の重圧に押し拉《ひし》がれているのだ。しかも大部分の人はそれに気づいていない。ゴータマはその重圧に気づき、その重圧を撥《は》ね除《の》けようとした。そして、真に人間らしい生き方をしようとした。それがゴータマの場合、風来坊の生き方になった。風来坊とは、つまりは世捨人である。ただし、世捨人には二種ある。みずからの意志でもって世を捨てた人と、世から捨てられた人。ゴータマの場合は、もちろん前者の世を捨てた人である。

われわれは、知らず知らずのうちに世間から圧力を受けている。その圧力は、

——期待——

というかたちでわれわれに伸《の》し掛かる。子どものころ、われわれは親から、
「いい子になりなさい」
と言われた。学校においても、「いい子になれ」「まじめにやりなさい」と教えられ、社会人になると模範社員になることが期待される。

けれども、そこでは、いかなる子どもが「いい子」なのか、どういう社員が「模範社員」か、明確な定義がない。あまり出しゃばらずに、周囲の人間と協調できるおとなしい人間が期待されているのか、それとも仲間との折合いは悪いが、やや一匹狼的にバリバリと仕事のできる人間が期待されているのか、よく分からない。それは「場合によれば」であって、あるときは前者が、別の場合は後者の人間が期待されている。ということは、どういう人間が期待されているのか、期待する側も期待される側もよく分からないのである。そしてわれわれは、よく分からないままに周囲の期待に応えねばならない。本当は、そんな期待に応える義務なんてないのだが、どうしてもわれわれは期待に応えねばならないと思い込む。世間はわれわれにそう思い込ませるのである。それが世間からの圧力である。

そして、まじめな人間ほど、世間からの重圧を受ける。

だから、まじめさは危険である。

まじめな人間はカメレオンになる。カメレオンには自分の体色なんてない。周囲に合わせて緑色から褐色まで自由に変化する。まじめな模範社員は、上司の期待に合わせて自分をカメレオンのごとくに変化させようとする。だが、複数の上司が複数の期待を寄せるのだから、自分の体色をどれに合わせればいいか分からなくなり、じくじく悩む。しかも、その模範社員は、家に帰れば「良き夫」「良き父親」であることが期待されるのだから、どうしていいか分からなくなるのは当然だ。下手をすると神経症になってしまう。

それが世間の重圧である。

「世間由」になるな！「自由」であれ！

では、どうすればよいか……？

世間の重圧なんて気にするな！　世間の期待に応えようとするな！　言うのは簡単である。問題は、どうすれば気にしないでおれるか、どうすれば世間の期待を無視できるか、である。

そこで、ゴータマの大提言を聞いてみよう。

——世間を馬鹿にせよ——

この大提言は、ＭＧＤ財閥の会長のノートのあちこちに書かれている。

——ゴータマは言った。世間は幽霊。気にすると出て来る。気にしないと出て来ない——

——あの男の名言。世の有象無象どもが勝手に定義した「成功」に合わせて、自分の生き方を変えるのは愚か者である——

——世の人々が、一度でも、何かいいことを言ったことがありますか？——

——ゴータマが言った。世間というものは砂上の楼閣。満潮になれば崩れてしまう——

その他、世間を馬鹿にしたさまざまな言葉がノートに書き込まれている。

このゴータマの大提言は、第Ⅱ部の前口上で紹介した基本原理から導き出されてくる。人生は橋である。橋は渡るものだ。渡ってしまえば橋は無用。なにもわれわれは橋を大事にする必要はない。そして世間というものは、要するに自分と同じく橋を渡っている大勢の人たちだ。ある意味では仲間である。しかし彼らは、橋に執着している。彼岸に渡ることよりも、橋の上にじっと止まっていて、一所懸命橋を掃除したり、修復したりしている。そんな人々に同調してはいけない。あなたはそんな有象無象どもをさっさと見限って、「お先にご免」と橋を渡ればいい。それがゴータマの考え方である。

そういえば、「イソップ物語」にこんな話があった。

親子が市場に驢馬《ろば》を売りに行く。二人で一緒に驢馬を引っ張って歩く。

すると、通りがかりの人が言った。

「あなたがたは馬鹿ではないか。息子さんを驢馬に乗せてあげればいいのに……」

それで、あわてて息子を驢馬に乗っけた。

するとまた、通りがかりの人が言った。

「親不孝な子どもだ。自分が楽をして、父親を歩かせるなんて……」

それで、あわてて父親は息子と交替した。父親が驢馬に乗り、息子が歩く。

次にすれ違った人は、こう言った。

「子どもがかわいそうだ。なんてエゴイストの父親なんだろう……」

で、こんどは二人とも驢馬に乗る。

「まあ、愚かな人たちだ。そんなことをして驢馬を疲れさせると、市場で高い値段では売れないぞ」

そう言う人がいた。そこで親子は、棒に驢馬を縛りつけて、二人でそれを担いで行った。

これが世間の人であり、その世間の人の集合が世間だ。世間の人の言うことを気にしていると、とんでもない目にあってしまう。

仏教の開祖の釈迦は、

《みずからを燈明とし、みずからを拠り所とし、他人を拠り所とせず、法を燈明とし、法を拠り所とし、他のものを拠り所としてはならない》（『マハーパリニッバーナ・スッタンタ』）

と訓誡を遺している。これが有名な、

――自燈明・法燈明――

である。法とは「ダルマ（真理）」であり、釈迦の教えである。仏教徒であれば釈迦の教え（法）に従うのはもちろんであるが、その法を燈明とする前に、釈迦は自分自身を燈明にせよ、と教えているのである。自分自身を燈明にせず、世間の有象無象どもの言うことを気にしているようでは釈迦に叱られてしまう。

自分自身を燈明にする、自分自身を拠り所とすることが、まさしく自分に由ることであり、それが「自由」である。世間の有象無象の言うことを気にするのは「世間由」である。

そして、「自由」とは主体性の確立である。われわれは、まず主体性を確立せねばならぬ。そうでないと「世間由」になってしまう。

中国、宋代の禅僧に首山省念《しゅざんしょうねん》（九一五～九九三）がいる。彼は常に『法華経』を誦していたので「念法華」と呼ばれていた。

その彼が、あるとき、一修行者から問われた。「如何《いか》なるか、これ仏」。仏とはどういう

ものか？　といった問いであるが、これはまあ、仏教とはどういう教えかと問うたものである。それに対して省念は、

《新婦、驢《ろ》に騎《の》り、阿家《あこ》索《ひ》く》

と答えている。〝阿家〟とは姑《しゅうとめ》である。新婦が驢馬に乗って、姑が手綱を持つ。ちょっとあべこべである。しかし、それでいいのである。新婦が疲れれば驢馬に乗り、老人の姑を歩かせればよい。世間の人がどう言おうと、そんなことは気にする必要がない。そして、それが仏教だ。省念はそう言いたかったのである。禅籍『従容録《しょうようろく》』に出てくる話である。

世間は幽霊のごときもの

あれは一九六五年一月であった。当時の首相は佐藤栄作。その佐藤内閣の諮問に応えて、中央教育審議会は、

――期待される人間像――

の中間草案を発表した。これは、もちろん、日本の産業界が期待する人間であり、その人間像だ。日本の産業界は個性を持った人間を嫌う。企業のためには自分を殺し、企業の言いなりになる人間を必要とする。簡単にいえば、企業は奴隷が欲しいのである。それが

産業界のニーズである。中央教育審議会は、そのような産業界の要望に応えて、「期待される人間像」を発表し、日本の教育をその方向に推し進めようとしたのであった。

義務教育については、われわれは第I部の第2章で考察した。義務教育はいずれ廃止になるであろうが、目下のところは残っている。そして、制度として残っている義務教育は政府の管轄下にある。そうであるかぎり、政府の諮問機関が、日本の教育を労働者の奴隷化の方向に向けたくなり、そうした答申をするのはあたりまえであろう。わたしにとってそれは腹立たしいことだけれども、そうしてはいけないと主張する権利はないのである。選挙で選ばれた政府がやっていることだから、結局は国民はそれに賛成しているのである。わたしに言えることは、だから世間は阿呆なんだ、ということだけである。

問題は仏教学者である。

当時、わたしは東京大学の印度哲学科の大学院生であった。わたしの学科の仏教学者や他の大学の仏教学者たちが、このとき、

「われわれ仏教学者も、このような〝期待される人間像〟に関して積極的に発言すべきである。いや、仏教学者のほうから先にこのような問題提起をすべきであった。にもかかわらずそれをしなかったわれわれの怠慢を反省させられる」

といった発言をしていた。それを聞いて、わたしは唖然としたことを記憶している。

「期待される人間像」なんてものがつくられると、そこに必ず期待されない人間が出てくる。そして、期待されない人間がいじめられる。仏教が産業界の尻馬に乗って、期待されない人間のいじめに荷担してよいのか⁈　仏教の真面目（実相）は、むしろ期待されない人間を救うことではないのか⁈

それに、「期待される人間」というのは、要するに企業の奴隷になる人間だ。逆に、産業界に期待されない人間は、個性があり、反骨精神、批判精神を持った人間である。どちらの人間がまともか。少なくとも仏教は、奴隷根性の持ち主を褒めそやすことはしない。わたしは自信をもって断言する。

いや、そもそも仏教は「出世間」の教えである。出世間ということは、世間の物差しを捨てることだ。期待される／期待されないといった世間の物差しを振り回していたのでは、仏教のレーゾン・デートル（存在理由）がなくなってしまう。そうなった仏教は、権力に媚《こ》び、権力者のお先棒を担いで民衆を痛めつける、「阿片の宗教」だ。そんな仏教であれば、わたしは仏教者をやめる。

なんだか妙に息巻いてしまった。ちょっと恥ずかしい。しかし、これはまあ青年の客気《かっき》である。一九六五年の当時、わたしはそんなことを考えていた。

ともあれ、われわれは世間の期待に応えようとしてはいけないのだ。世間の期待なんて無視していればいい。

そもそも、ゴータマが指摘したように、世間そのものが幽霊のようなものだ。幽霊は、びくびくした心がつくりだす。だから、見える人には見えるし、見えない人には見えない。世間もそれと同じで、固定的・実体的な存在ではない。気にする人には世間が存在する。気にしなければ存在しない。それだけの話だ。

ましてや、世間の期待なんて、ただそれを気にする人だけを拘束する。わたしたちは気にしなければいい。われわれが気にしなければ、世間のほうは圧力をかけようがない。われわれは自由になれるのだ。

火宅の消火活動はするな!

仏教が「出世間」の教えであることは、聖徳太子（五七四～六二二）の次の言葉からも明らかである。
《世間《せけん》虚仮《こけ》・唯仏是真《ゆいぶつぜしん》》
世間は虚仮である。虚仮というのは、偽りだということだ。幽霊のようなもの。実体があるわけではない。実体があり、真実であるものはただ仏だけである。聖徳太子はそう言った。

じつは、聖徳太子は推古天皇の摂政皇太子である。摂政は、天皇に代わって政務を行なう人である。それゆえ、政治家である。

政治家の仕事は、世間を良くすることである。その政治家が、世間は虚仮だなんて言う。そんなこと、言ってもらってはこまりますねえ。あんたは政治家失格だ。江戸時代の儒者たちは、そんなふうに聖徳太子を糞味噌にやっつけている。儒者たちは仏教嫌いだから、仏教の味方をした聖徳太子に腹を立てているのである。

まあ、その批判は当たっていないわけではない。たしかに政治の仕事は、世間をうまく統治することだ。幽霊のお守りをするのが政治の仕事。

しかし、仏教は「出世間の教え」である。世間を馬鹿にするのが仏教。世間という幽霊に退散してもらうことが仏教の大事な仕事である。

ところで、最近の仏教学者や僧侶たちは、その仕事をちゃんとやっているだろうか。われわれも「期待される人間像」について発言すべきである。そんなことを言っているようでは、仏教が分かっていないのである。

それから、ちょっと時代が下がるが、鎌倉時代に浄土真宗の開祖の親鸞《しんらん》（一一七三〜一二六二）が次のように言っている。

《……火宅無常の世界は、よろづのことみなもてそらごと、まことあることなきに、たゞ念仏のみぞまことにておはします》（『歎異抄』）

〔この世界は無常の火宅であって、すべてが嘘いつわり、真実はなに一つない。そのなかで、ただお念仏だけが真実である〕

親鸞は聖徳太子と同じことを言っている。この世は火宅である。火事でぼうぼうと燃えている家だ。燃えているからといって消火活動をしてはいけない。消そうとして消える火事ではないのだ。そのことは第I部で述べておいた。日本という国は遠からず潰れ、資本主義も行き詰まる。そうであれば、われわれは火宅から脱出するまでだ。すたこらさっさと逃げ出せばいい。「卑怯だ！」と言われても気にする必要はない。大企業のほうがとっくの昔に日本から逃げ出している。日本は法人税が高いし、労働者の賃金が高い。そうなると、資本の論理でもって海外に拠点を移す。多国籍企業というものは無国籍企業だ。彼らはとっくの昔に日本を見限っている。火宅を逃げ出しているのだ。それに政治家どもは、日本国民には嘘をついて、アメリカと密約を結んでいた。彼らは日本国民を裏切っていたのだ。

ともかく、われわれは消火活動をする必要はない。消える火事ではないのだし、下手に消火活動をすれば焼け死にをする。消火活動をすべきなのは、税金によって養われている政治家や官僚である。われわれはただ納税の義務さえ果たしていればそれでいい。税金さえ納めていれば、それで文句を言われる筋合いはない。

世間に対して喧嘩を売るな!

われわれはゴータマの大提言に従って、世間を馬鹿にしよう。

世間を尊敬する必要はない。世間が燃えているからといって、消火活動をする義理はない。消火活動をすべき義務のある者――すなわち税金で養われている者――がすればいい。いや、するべきだ。われわれは彼らを、消火活動をやらせるために税金で雇っているのだ。

しかし、勘違いしないでほしい。世間を馬鹿にすることは、世間と喧嘩することではない。喧嘩を吹っかけることは、世間というものの存在をともかくも認めているのである。相手の存在を認めてやると、相手はのさばってくる。

世間は所詮幽霊のようなものだから、世間は幽霊並みに扱ってやればよい。

そのことに関しては、

《武士道といふは、死ぬ事と見付けたり。》

によって広く知られている『葉隠《はがくれ》』におもしろい話がある。

《三の御丸にて密通仕《つかまつ》り候者《そうろう》御僉議の上、男女共に御殺しなされ候。その後、幽霊夜毎《よごと》御内に顕はれし候。御女中衆恐ろしがり、夜に入り候へば外へも出で申さず候。久しく斯様に候故、御前様へ御知らせ仕り候に付て、御祈禱、施餓鬼など仰せ付けられ候へども相止まず候故、直茂公へ仰せ上げられ候。公聞し召され、「さて〳〵嬉しき事哉。彼者共は首を切り候ても事足らず、憎き者共にて候。然る處《ところ》、死に候ても行き處へは行かず、迷ひ廻り候て幽霊になり、苦を受け浮び申さずは嬉しき事なり。成る程久しく幽霊になりて居り候へ。」と仰せられ候。その夜より幽霊出で申さず候由《よし》。》

不義密通を働いた男女が処刑されて幽霊になった。夜な夜な幽霊が出現して、女どもは恐怖に怯える。ご祈禱をしてもいっこうに効き目がない。それで殿様に報告した。すると殿様が言った。

「あの二人は、首を斬ってやっても気がすまぬほど憎い奴らである。ところが、あいつらは死んでもあの世に行けず、迷って幽霊になって苦しんでおるわけだ。これほどうれしいことがあろうか。どうか、いつまでも幽霊でいてくれよ」

すると、その夜から幽霊が出なくなった。

この要領である。

もっとも、幽霊の場合は、「ザマアミロ！」と言ってやればよい。おまえたちは成仏できずに迷っているのだなあ。気の毒なことだ。そう言ってやると、幽霊は恥ずかしくなって消えてしまう。いや、消えてしまうのではなしに、誰か自分を怖がってくれる人を見つけて、その人に姿を見せるのである。自分を怖がらない人には、幽霊は祟りようがない。

けれども、世間に向かっては、「ザマアミロ！」と言ってはいけない。それだと喧嘩を売ったことになり、世間は居丈高になってそう言った人に刃向ってくる。その点では幽霊よりも質《たち》が悪い。

だから、世間に対しては、内心では「ザマアミロ！」と思いながら、何も言わない。黙っている。そして気にしない。それが世間を馬鹿にするやり方だ。

くれぐれも世間と喧嘩をなさらぬように。そう忠告を申し上げておく。

ゴータマの大提言

2 即今・当処・自己に生きよ

人は自分の人生を生きねばならぬ

「いかなる場合にも、嘘をついてはならぬのであろうか……？」

ＭＧＤ財閥の会長はゴータマにそのように尋ねたらしい。らしいというのは、会長がノートに次のように記しているからだ。

――あの男は原理主義者である。善意の嘘も認めぬ。自分の人生を生きるのだ、と言う――

ちょっと論理が飛躍しているが、これはまあ、会長の備忘録だから仕方あるまい。わたしは〝原理主義〟と訳したが、原語はむしろ〝石頭〟と訳したほうがよさそうである。〝あの男〟とは、もちろんゴータマ風来坊である。

ゴータマと会長が交わした会話を推測によって復元してみよう。

「いかなる場合にも、嘘をついてはならぬのであろうか……？」

「会長よ、何を言いたいのです⁈」

「いや、場合によっては、嘘も許されるのではないかと思って……」

「どんな場合ですか？」

「父親でもいい、あるいはわが子でもいい、もう治る見込みのない病気になった。そんなとき、〝あなたは死ぬ〟と告げるのは残酷であろう。〝大丈夫だよ、きっと治るよ〟と言う。それが人情であろう。そういう善意の嘘は許されるのではないか」

「なぜ、それが善意ですか？」

「病人を気落ちさせないための嘘だから。病人のためを思って言った嘘だから」

「治る見込みのない病気だと知れば、必ず気落ちしますか？」

「〝必ず〟と言われても困る。しかし、たいていの人は気落ちするはずだ」

「会長よ、あなたはどうですか……？」

「さあ、わしは、それほど気落ちしないと思う」

「そうすると、真実を知っても気落ちしない人に向かって、わざと真実を歪めて告げることが善意になりますか？」

「それは……」

会長は返答に困ったようだ。

ゴータマは言う。

「それから、会長よ、治らぬ病気と知れば、きっと病人は気落ちするとします。そう仮定してもいいですよ。しかし、それでは尋ねますが、なぜ気落ちしてはいけないのです?! 気落ちし、絶望した人生を送らねばならない人にとっては、その気落ちし、絶望した人生こそがその人の人生でしょう。その人がその人の人生を生きるのは当然ですよ。なにも他人の人生を送らせる必要はありません」

「でも、やはり気の毒だよ。できれば、気の毒な生き方をさせてあげたくない。それが人情ではないか」

「では、ここに、生まれながらに目が見えない人がいるとします。その人は一生、目の不自由な人として生きねばなりません。その人は気の毒な人ですか？」

「そりゃあ、気の毒な人だ」

「では、ここに人が二人います。二人を比較すれば、一人は他の者にくらべて才能が豊かで、もう一人のほうは才能が劣っています。比較するとそうなります。とすると、一人は幸福で、一人は気の毒な人ということになりますね。それでいいのですか？ これは、あらゆる面でそうなります。とすると、会長は、人間のうちの半数は気の毒な人だと主張していることになるのですよ。それでいいのですか？」

「………」

「会長よ、だからいかなる嘘も許されるものではありません。善意の嘘なんてないのです。また、人は、いかなる人もその人に与えられた人生を生きねばならないのです。苦しみ、のたうち回る人生を生きねばならない人は、苦しみ、のたうち回る人生を生きるのです。他人の人生を生きるわけにはいかない。それこそが永遠の真理ですよ」

たぶん会長は、このようにゴータマから遣り込められたのだと思う。だから会長は、ゴータマを「原理主義者」「石頭」と評したのであった。そう評したくなる気持ち、分からないでもない。

「他はこれ吾にあらず」

で、そこで、われわれはここからゴータマの大提言を導き出すことにする。それは、

――即今・当処・自己に生きよ――

である。〝即今〟はいま、〝当処〟はここ、そして自分。われわれは、いま、ここに、自分が生きているのである。にもかかわらずわれわれはそれを忘れてしまって、別の時間・

別の場所・別の自分を生きているかのように錯覚しているのではなかろうか。

そのことに関しては、わが国、曹洞宗の開祖の道元（一二〇〇〜五三）に次のエピソードがある。

場所は天童寺。中国浙江省寧波《ニンポー》の東にある禅寺だ。道元はそこで修行中であった。

夏の炎天下に老典座《てんぞ》が椎茸《しいたけ》を干していた。典座というのは、禅寺で食事係をする僧である。

道元は老典座の年齢を訊いた。

「六十八歳になる」

老僧は答えた。そこで道元はその老僧に言った。

「老僧、そんな仕事は、行者《あんじゃ》（禅寺にいる使用人）や人足にやらせればいいではありませんか。なにも六十八歳にもなる老僧がそんな仕事をやる必要はありますまいに……」

道元は老僧に同情しているのだ。

ところが、老典座はこのように答えた。

「他《た》はこれ吾《われ》にあらず」

他人は自分じゃない。あたりまえだ。他人は他人で、自分は自分。老僧はそう言ったのだが、道元にその意味が分かっただろうか。そのときは、まだ悟りを開く前の修行中の道元であったから、老典座が言った言葉の真の意味を道元は掴んでいなかったと思われる。掴んでいれば、続けて馬鹿な質問をしなかったはずだ。

ともかく、道元は続けて愚問を発する。

「よく分かりました。けれども、いまは炎天下ではありませんか。もう少し日が陰って涼しくなってからにされてはいかがですか……?」

「更《さら》に何《いず》れの時《とき》をか待《ま》たん」

老典座はすぐさまそう応じた。「じゃあ、いつやればいいのだ?!」という反問である。われわれは、いまやるべきことをいませずに、あとで、あとでと言って仕事を先送りにする。しかし、先送りにして、それをやるチャンスを逃がしてしまうことはないか。いまやるべき仕事をいまやる。それこそが禅である。老典座は日本からの留学僧である若き道元にそう教えてやったのであるが、そのときの道元はまだそれを理解できる段階には達していなかったようである。

別の場所で別人の人生を生きられない

〈こんな雑用は俺のやるべき仕事じゃないのに……〉

と、ときどきわれわれは愚痴をこぼしたくなる。従業員が病欠したので、零細企業の社長が封筒の宛名書きをやるはめになったようなときだ。腹の中が煮えくり返る思いをしながら仕事をやっている。それじゃあちっとも楽しくない。

若き日の道元が、それと同じ考えでいた。天童寺といえば小さな寺ではない。いちおう名の通った名刹である。だから、雑用係の使用人が大勢いる。椎茸を干すといったような雑用は、使用人にやらせればいい。六十八歳にもなる老僧の仕事ではないだろう。道元はそう考えたのである。

しかし、これは、その時点においては道元が禅というものを正しく理解していなかったからそう考えたのであって、完全に道元のまちがいである。なぜなら、禅というのは「生活仏教」であって、行住坐臥《ぎょうじゅうざが》（行くこと・止まること・坐ること・臥《ふ》すこと）のすべてが禅の修行と考えられている。それゆえ、禅寺においては食べることも禅の修行であり、その修行のための食事をつくることも、これまた大事な修行なのだ。典座というのはそのような役目の僧であって、六十八歳の老典座はプライドを持って自分の仕事をやっている。それを道元は、誰か使用人にやらせればいいと言うのだから、とんでもない勘違いである。自分の修行を他人に代わりにやってもらえるはずがない。自分の大小便を他人に頼むことができるだろうか。「他はこれ吾にあらず」である。

だが、こんな説明だと、かえって誤解を招くかもしれない。

わたしはいま、禅寺においては食事をつくるのは大事な仕事だと言った。大事な仕事だから一生懸命やるというのであれば、つまらぬ仕事だとどうなるか。つまらぬ仕事、人のいやがる仕事であっても一生懸命やりなさいと言うのは、道学者の説教めいて好きではない。たぶんゴータマだって、そんなことは言わないだろう。

これは、こう考えるべきであろう。

大事な仕事か／つまらぬ仕事か、喜んでできる仕事か／いやいやする仕事か、われわれに選択の自由があるのであれば、そのときは自分の好きなほうを選択すればいい。なにもわざわざいやなものを選ぶ必要はない。

しかし、人生というものは、なかなかわれわれの思い通りにはならないものだ。ときに、というよりほとんどの場合、われわれは不本意な道を歩かされるし、いろんな事情によってつまらぬこと、いやなことをさせられる。左遷されたり、降格人事でつまらぬポストに追いやられる。それであなたが辞表を叩き付けられるのであれば、さっさと退職すればいい。不平不満を持ったまま、その会社に残る必要はない。問題は、辞表を叩き付けられないときだ。そのときの生き方である。

そのときは、その場所でしっかりと生きることだ。

なぜなら、あなたは、その場所であなたの人生を生きるよりほかない。〈いやだ、いやだ〉と思ってみたところで、あなたが別の場所で別人の人生を生きられるわけがないからである。

あなたの職場が刑務所である

かりにあなたが刑務所に入ったとする。そりゃあね、刑務所なんかに入らないほうがよい。でも、あなたは刑務所に入ってしまったのだ。その現実から出発すべきである。

その現実において、あなたが、

〈あーあ、俺はなんて馬鹿なんだろう。どうしてこんなことをしてしまったのか?!〉

と後悔することは無意味である。いくら後悔したって現実は変わらない。

また、脱獄を謀《はか》るのもやめたほうがよい。いまの刑務所は(いや昔もそうであったはずだが)、そう簡単に脱獄できるものではない。

ならば、刑務所にあって、一日一日を楽しく過ごす工夫をしたほうがいい。それが、ゴータマの「即今・当処・自己に生きよ」の大提言である。即今はきょうの一日だ。あしたのことはあした考えればいい。当処は刑務所の中だ。あなたは刑務所の中で生きるのだ。

自己は囚人である。あなたは囚人なんだから、囚人として生きればよい。

刑務所というのは、ものの譬えである。なに、あなたが勤務している職場が刑務所なんですよ。

だって、刑務所というのは、自由刑の言渡しを受けた者が拘禁される場所である。そして自由刑とは、自由の剝奪を内容とする刑罰であって、これは財産刑と対比される。刑務所が自由を剝奪される場所であれば、すべての職場が自由を剝奪する場所であるから刑務所である。また、義務教育の学校だって刑務所だ。

職場が刑務所である。そしてあなたは、その刑務所で生きねばならぬ。

もしもあなたが刑務所改善運動に没頭するなら、あなたは愚か者である。それは、前章で述べた消火活動と同じである。あなたが旅先のホテルに宿泊していて、ホテルが火事になったので消火活動を手伝うようなものだ。焼け死にしちゃいますよ。ただし、あなたが消防署に勤務していて、自分の受け持ち区域のホテルが火事になったのであれば、話は別である。

もっとも、囚人であるあなたは、少しは刑務所を改善しようとする努力もすべきかもしれない。あなたの職場を善くするように努力する必要はまったくないとは言えない。しかし、それも程度の問題である。刑務所を豪邸に変えることはできない。所詮、刑務所は刑務所である。あなたは囚人として、一日一日を楽しく生きる工夫をすべきだ。

病気についても同じこと。あなたが病気になれば、あなたは病人なのだ。だから、病人としてあなたは生きるべきだ。

〈どうしてこんな病気になったのだろう……〉とくよくよ考えてみたって、病気が治るわけがない。〈早く治ってほしい〉とあせってみたところで、病気が早く治るわけではない。いかなる病気も治るまでは治らない。そうであれば、あなたは病人として一日一日を楽しく生きる工夫をしたほうがいい。

世界はみんな牢獄だ

貧乏というものは、ある意味では牢獄である。貧乏人はなんとかしてその牢獄から抜け出たいと考える。

もっとも、本当を言えば、貧乏だけが牢獄ではない。金持ちは金持ちで、金持ちであることを牢獄のように感じている。金持ちは貧乏人よりも税金を多く支払わねばならぬ。また、いろんなところから寄付を要求される。友人からたかられることも多い。だから、〈牢獄だ〉と思うのである。

つまり、この世はすべて牢獄である。あなたがどこでどう生活しようと、あなたが生活している場所は牢獄にほかならない。

《**ハムレット**　……一体、君等は運命の女神からどんな怨みを受けて、こんな牢獄へ送られたのかい？

ギルデンスターン　牢獄とおっしゃいますと？

ハムレット　デンマークは牢獄だよ。

ローゼンクランツ　それならば、世界も牢獄です。

ハムレット　うむ、大きな牢獄だ。その中には座敷牢も檻房《かんぼう》も地下牢もある。そして、デンマークが一番ひどい牢獄だよ。

ローゼンクランツ　ぼく達はそうは思いません。

ハムレット　じゃ、君達にはそうじゃないのだ。物の善悪《よしあし》は只考え方一つで、ぼくにとっては牢獄なのだ》

シェイクスピアの『ハムレット』の科白《せりふ》である（市河三喜・松浦嘉一訳、岩波文庫）。デンマークの王子であるハムレットは、王子であることとそのことを牢獄に感じていた。余人には豪華な宮殿に見えようと、そこに住む住人の意識いかんによっては牢獄になってしまうのだ。ハムレットはそのことを言っている。

それゆえ、貧乏も牢獄であれば金持ちだって牢獄だ。でも、それはそうとして、われわれは貧乏という牢獄だけを考えてみよう。

さて、あなたが貧乏という牢獄にいるのであれば、あなたは脱獄を考えてはいけない。脱獄を計画して、いったい何人が脱獄に成功するか。皆無に近いであろう。

脱獄を考えるのではなく、牢獄の中で貧乏を楽しめばいいのだ。

けれども、貧乏を楽しむといっても、これは清貧の思想ではない。清貧の思想なんてものは金持ちの道楽である。七輪で秋刀魚《さんま》を焼いて、醤油をかけて、あつあつのご飯をふうふう言いながら食べるようなことは、相当の金持ちでないとできない。貧乏人が清貧を楽しめるわけがない。

わたしが貧乏を楽しむと言うのは、いっさいの無駄な努力をやめることである。いまある状態をそのまま肯定して生きることだ。

もちろん、貧乏もいろいろと段階がある。住む家もなく、食べる物もない極貧の人もいれば、ある程度の収入はありながら自分は貧乏だと思っている人もいる。極貧の人は、ある意味では悩みはない。ともかくなんとかせねばならぬのだから、そうするだけのことだ。悩みがあるのは、中途半端な貧乏人。その人は、現在の自分のあり方に不満を持っている。ということは、即今・当処・自己を生きようとしていないわけだ。かつて贅沢な生活ができていたころの自分を思い出し、いつか返り咲いた自分を夢見て、どこか違った世界に住んでいる自分を基準にして、いま、ここにいる自分を毛嫌いしながら生きている。そういう人は貧乏を苦にしている貧乏人だ。同じ貧乏人であっても、貧乏を苦にした貧乏人がいちばん性《たち》が悪い。貧乏を楽しめる貧乏人になったほうがよい。それがゴータマの大提言である。

苦しみの人生をしっかりと生きる

釈迦は言っている。

《過去を追うな。
未来を願うな。
過去はすでに捨てられた。
そして未来はまだやって来ない。
だから現在のことがらを
それがあるところにおいて観察し、
揺《ゆら》ぐことなく動ずることなく、

よく見きわめて実践せよ。

ただ今日なすべきことを熱心になせ。

誰か明日の死のあることを知らん》（『マッジマ・ニカーヤ』一三一）

この釈迦の教えが、「即今・当処・自己に生きる」生き方である。

そりゃあね、あなたがあのとき別の道を選んでいたら、ひょっとしたらあなたはいまごろ大企業の社長になっていたかもしれない。でもそれは、あなたとは違った人間だ。ここにいるあなたが、まさに「あなた」なのだ。そんな別人は忘れて、あなたはいま現にそこで呼吸をしている、その「あなた」を生きるのである。

あなたがあのとき別の道を選んでいたら、いまごろあなたは刑務所にいるかもしれない。大企業の社長と刑務所にいる社長と、どちらも「あなた」ではないことを忘れてはならない。本当のあなたは、いま、ここにいるあなたなのだ。

だとすれば、あなたががんになれば、あなたはがん患者なのだ。もちろん、あなたが過去において別の生活をしていれば、たとえばたばこをやめていれば、がんにならなかったかもしれない。しかし、同時に別の病気で死んでいたかもしれない。がんにならなかったあなたと、死んでしまったあなたと、そのどちらも「あなた」ではない。あなたは、いま、ここにいるがん患者なのだ。

それゆえ、あなたはがん患者として生きるべきだ。それがどんなにつらいことであっても、どんなに苦しいことであっても、あなたはあなたの人生を生きねばならぬ。

すると、どうなるか……？　がん患者であるあなたに、家族の者が、

「お父さんはがんではないよ」

と嘘をつくことは、あなたに別人の人生を生きさせようとすることになる。そんなことが許されてよいだろうか。もちろん「否」である。

わたしたちはみんな自己の人生を生きるのであり、自己の人生を生きねばならぬ。たとえ苦しみの人生であっても、それが自己の人生であるかぎり、その苦しみをしっかりと生きねばならぬ。

家族にできることは、家族の誰かが苦しみに直面したとき、その苦しみを一緒に苦しんであげることであって、苦しみを軽減させることではない。原理主義者のゴータマは、MGD財閥の会長にそのことを言ったわけである。

ゴータマの大提言

3 精神的風来坊になれ

「わが糧食は尽き果てた」

一路庵禅海《いちろあんぜんかい》は室町時代に生きた隠者である。生没年不詳。もとは真言宗御室仁和寺《おむろにんなじ》の僧であったが、還俗して堺の村に隠居をし、のんびりと暮らしていた。あの有名な一休禅師（一三九四～一四八一）が一路居士を訪ねて親交を結んだと伝えられている。

最初に二人が出会ったとき、一休禅師は一路居士にこう問いかけた。

「万法道あり、いかんがこれ一路」

真理にいたる道はさまざまにあるはずだ。それなのにおまえさんは、どうして一つの路を行こうとするのか？　これは、〝一路〟といった名前に引っ掛けた問いである。

これに対して、一路居士はこう応じた。

「万事休すべし、いかんがこれ一休」

万事休すというのに、おまえさんはなぜ一休か？　お互いの名前に引っ掛けた、なかなか味のある応酬である。

さて、この一路居士、普段は草庵の軒下に小さな鍋をぶら下げておいて、往来する人から喜捨を受け、それで生活していた。

ところがある日、村の悪童どもがこの鍋の中に石塊《いしころ》を投げ込んだ。もちろん、たんなる悪戯《いたずら》である。

だが、鍋の中の石塊を見た一路居士は、

「わが糧食は尽き果てた」

と呟き、それ以後いっさいの食事をせず、断食をして死んでしまった。

そして、彼の草庵の壁には、こんな歌が書かれていたという。

「手取りめよ　己は口がさし出たぞ　雑炊煮えたと人に語るな」

手取りとは手取鍋、いわゆる手鍋のことである。口がさし出たというのは差出口《さしでぐち》、でしゃばってものを言うこと。したがって、一路居士のこの歌は、

「鍋よ、鍋！　おまえは口がうるさいのう。ぐつぐつぐつぐつ、雑炊が煮えたなどと、余計なことは言わんでよろしい」

と言った意味だ。鍋よ、鍋！　鍋であるおまえは、石塊を投げ込むことによって、わし

に死に時が来とるんだぞと告げているが、そんなこと言われなくてもわしにはちゃんと分かっている。そう言って、一路居士は死んでいったのである。

これはなかなかいい話である。いい話だとわたしは思うが、それには反対意見もありそうだ。なにも子どもの悪戯を気にして自殺することはない。また翌日になれば、誰かが鍋に喜捨をしてくれるかもしれない。それを「糧食は尽き果てた」と受け取るのは、あまりにも大袈裟にすぎる。悪戯は悪戯と笑い飛ばして、元気に生きればいいじゃないか。たぶん、そう言われる人が多いであろう。

しかし、それは考え方の問題である。

たしかに子どもの悪戯をいちいち気にする必要はない。それはその通りである。しかし、それを悪戯として笑い飛ばしていると、われわれはいつのまにかこの世に執着してしまう。

それよりは、一路居士のように、鍋の中に投げ込まれた石塊を見て、

「よし、分かった！　そろそろ死に時が来たんだなあ」

と受け取れる人間になりたい。ただし、誤解をしないでほしい。わたしは、一路居士と同じように断食死しろと言っているのではない。そんなこと、わたしにはできないし、また読者にもできるはずがない。なにも死ななくてもよいのだ。ただ、

「俺の人生もそろそろ終わりなんだなあ……」

と受け取れる人間になりたいのだ。それはつまりはこの世に執着しないことである。執着していると、サインをサインとして読み取ることができない。わたしはそのことを言っているのである。

老後の蓄えも不要

ともかく、われわれはこの世に執着してはならない。執着すると生きにくくなる。じつは、そのことはゴータマが「人間の生き方の基本原理」（九一ページ参照）において言っていることである。

――人生は橋だ。橋は渡れ！　橋の上に住もうとするな！――

橋は、われわれが対岸に渡るために架けられたものである。渡ってしまえば、橋なんて用がない。にもかかわらずわれわれは橋をごてごてと飾り立てようとする。橋の上に豪邸を建てようとする。愚かなことだ。

チンギス・ハーン（一一六二～一二二七）が言っている。

「わしの子孫は、金ぴかの織物をまとい、うまいものを食らい、見事な良馬にまたがり、世にも美しい女どもを腕に抱くだろう。そのすべてが、誰のおかげであるかも忘れて……」

チンギス・ハーンはモンゴル帝国の始祖である。彼が没するまでに、モンゴル帝国の支配は黒海から太平洋沿海まで及んだ。一大帝国の建設者である。その男の言葉がこれである。

このモンゴルの英雄の死因は不明。いろんな推測がなされているが、一説によると、野馬狩りのときに落馬し、怪我をして発熱したのが原因という。あれだけの英雄も落馬で死ぬのだから、おもしろいと言えばおもしろい。そして、彼が築いた大帝国というおいしい果実を味わったのは子孫である。本人は、果実をそれほど堪能していない。

その点では、MGD財閥を築いた会長も同じである。晩年は息子に実権を奪われ、〝座敷牢〟で暮らすはめになったのだから。今日の日本において、あなたが子孫のために巨万の富を残したところで、子孫はそれほどあなたに感謝してくれるわけがない。いや、日本という国はひどいものだ。あなたが巨万の富を残しても、相続税でがっぽり持っていかれる。

いやいや、そもそもあなたが巨万の富を残せるわけがない。残せる物はほんのわずか。そんなわずかな物を残したって仕方がない。

もっとも、あなたが無理をせずに、ほどほどにやっていて、それでも残る物があるのであれば、それはそれでかまいはしない。よくないのは、無理をして、努力に努力を重ねて残そうとすることだ。子孫のために残そうと努力するのもよくないが、自分のために残そうとするのもよくない。自分のために残すというのは、老後の蓄えをつくろうとすること。老後の蓄えをつくっても、あなたがそれを使える保証はない。それを使う前に死んでしまうかもしれない。

「でもね、最低限は必要でしょう……」

そう言われる人が多い。

たしかに、「最低限」の蓄えの必要性は認めてもよい。だが、問題は、どれだけが最低限なのか、誰にも分からないことだ。三千万円の貯金が必要だと思ってようやく三千万円が貯《た》まった。だが、そのときあなたは、

〈三千万円じゃだめだ。せめて五千万円を蓄えておかないと……〉

と思ってしまう。五千万円が七千万円、そして一億円になるにきまっている。

ともかく、先の心配はしないでおこう。

人生は、なるようにしかならないのだから……。

この世の居候

では、この世をどう生きればよいか……？

MGD財閥の会長のノートには、ゴータマが独善的に語ったらしいこんな金言が書き込まれている。これをわれわれはゴータマの大提言に採用しよう。

——われわれは居候である——

〝居候〟とは、またなんと古臭い言葉であるか。気に入らない人は、それを〝ゲスト〟に置き換えてもらってよい。ともかくわれわれは、この世のホスト・主人ではない。招かれて来た客である。あるいは、ひょっとしたら、招かれざるにのこのこと押し掛けて来た風来坊かもしれない。

そう考えると、いかにも風来坊のゴータマの言いそうな言葉である。

また、ゴータマの大提言の基本原理——人生は橋だ——からして、この言葉は当然に出てくる。われわれには橋の所有権はない。ただ橋の使用権があるだけだ。だから、われわれはたんなる居候にすぎない。

そういえば、沢庵和尚（一五七三〜一六四五）がこれと同じことを言っている。沢庵和尚は日本の代表的な漬物である沢庵漬けの発明者だという。でも、沢庵漬けは、禅寺に古くから伝わっていた「貯《たくわ》え漬《づ》け」が転じたものだというから、沢庵和尚の発明とはいえない。一説によると、彼の墓石が沢庵漬けをつける重石《おもし》（漬け物石）に似ているところからの命名という。たぶん、貯え漬けと沢庵和尚は何の関係もなく、たんに発音が似ているだけの話であろう。

そんなことはどうでもよろしい。沢庵和尚の言葉を紹介する。

《此世の人、来たとおもへは、苦労もなし。心に叶ひたる食事にむかひては、よき馳走におもひ、心に不ㇾ叶時も、客なれは、ほめて喰ねはならす。夏の暑をもこらへ、冬の寒さも、客なれは、こらへねはならす。孫子兄弟も相客と思へは、中よくくらして、あとに心に残さす、御いとま可申候。かしこ。

たらちねによはれて仮の客に来て

こころのこさすへる故郷》（『結縄集』）

［人間この世にやって来たと思えば苦労はないものだ。満足できる食事が出されたら、ご馳走に思っていただき、満足できぬ時でも、自分は客であるから褒めて食わねばならない。夏の暑さ、冬の寒さも、客であるからじっと耐えねばならぬ。子や孫、兄弟たちも、自分と一緒にやって来た相客と思って仲良く暮らし、心を残さずさらりと辞去せねばならぬ。

かしこ
父母《ちちはは》に喚《よ》ばれて仮の客に来て
　こころ残さず帰る故郷《ふるさと》」

在日仏国人

ゴータマ風来坊にしろ沢庵和尚にしろ、彼らは、自分はこの世の軒先《のきさき》を借りて生きているといった自覚を持っていたようだ。わたしは、その自覚がいいと思う。そのように自覚していると、かりにその家が火事になったとき、すたこらさっさと逃げ出すことができる。軒先を借りているだけだから、消火活動に協力する義務はない。

そうすると、〝居候〟といった言葉がちょっと気になる。

「居候三杯目にはそっと出し」

といった古川柳がある。ご飯のおかわりも、三杯目となると遠慮せねばならぬ、といった意味だ。居候というのは、どうやら卑屈な存在である。

しかし、卑屈なのはまだいい。なにもわれわれはこの世で威張りくさる必要はない。控え目に生きていればいいのだ。

ところが、問題は、例の、

——一宿一飯の恩義——

というやつである。たった一晩とめてもらい、たった一度の食事をふるまわれただけでも、博徒の仁義ではこれを恩義とするのだ。もちろん、われわれは博徒ではない。だから、そんな仁義にとらわれる必要はないが、でも「居候」である。一宿一飯の恩義どころか、もっともっと大きな義理がある。軒先を借りている程度であれば、火事になれば逃げ出していいが、居候が逃げ出してよいだろうか。消火活動を手伝う義務があるのではないか。

この疑問に対しては、前に出したホテルの宿泊客の例で考えるとよい。宿泊中のホテルが火事になった。宿泊客に消火活動を手伝う義務があるか？「ノー」である。宿泊客はさっさと逃げ出せばよい。消火活動を手伝う義務がないどころか、自分が受けた損害を賠償してもらえる権利がある。

なぜか？それは宿泊客が宿泊料を支払うからである。まだ支払いは完了していないにしても、そういう契約を結んでいる。だから、宿泊客に権利が発生するのだ。

そうすると、われわれはこの世の「居候」であるにしても、たんに軒先を借りている人間ではなしに、ホテルの宿泊客的な権利を持った「居候」でありたい。それにはどうすればよいだろうか……？

そこで、わたしの頭に思い浮かんだアイデアが、

——在日仏国人——

である。もちろん、このアイデアは在日朝鮮人からの連想である。

在日朝鮮人とは、

《第二次大戦前の日本の朝鮮支配の結果、日本に渡航したり、戦時中に労働力として強制連行され、戦後の南北朝鮮の分断、持帰り資産の制限などにより日本に残留せざるをえなくなったりした朝鮮人とその子孫。韓国籍を持つ者と朝鮮籍をもつ者とを併称する場合は、在日韓国・朝鮮人という》(『広辞苑』)

といった人たちである。彼らはさまざまな理由で日本の国籍は取得せず、外国人のまま日本に居住しているのである。

同様に、われわれは日本人ではない。われわれの本当の国籍は仏国、すなわち仏の国である。その仏国人であるわれわれが、たまたま日本に来て住んでいるのだ。そういう自覚を持ちたい。それがゴータマの言う「居候」であり、沢庵が言う「客」だと思う。なお、〝仏国人〟をフランス人と勘違いされませんように。これは〝ぶっこくじん〟と読みます。

日本国籍から離脱する

仏国土とは浄土である。そして浄土とは、「清浄国土」の略である。仏の国は清浄《しょうじょう》であるので浄土と呼ばれる。

浄土といえば、日本人には「極楽浄土」が有名であるが、なにも極楽世界だけが浄土ではない。極楽世界は阿弥陀仏の浄土（仏国土）である。しかし、薬師仏には浄瑠璃《じょうるり》世界という仏国土があり、大日如来には密厳《みつごん》浄土がある。それぞれの仏がそれぞれの仏国土をお持ちになっている。それが仏教の世界観である。

しかし、まあ、日本では極楽世界が有名であるから、ここでは浄土イコール極楽として話を進めよう。

で、仏教においては、われわれ衆生は極楽浄土からこの娑婆世界に遊びに来たことになっている。娑婆世界とは、われわれの住む迷いの世界である。ここのところを詳しく論ずると、本書は仏教書になってしまう。だから、詳しく言うことをやめるが、ともかくも、

――われわれは極楽浄土からこの娑婆世界にやって来た菩薩である――

という思想がある。〝菩薩〟とは求道者である。何のためにやって来たかといえば、極

楽世界は極めて楽しみの多い世界であって、そこには苦しみがない。それで苦しみを体験するためにこの娑婆世界にやって来たのである。苦しみを体験することによって、仏教の教えがよく理解できるからである。

そうであるから、われわれの国籍は仏国土にある。

たまたまこの日本にやって来て、一時的に滞留しているのである。

だから、われわれは在日仏国人である。

われわれは、まず在日仏国人の自覚を持つべきである。

あなたは、日本人になってはいけない。

もちろん、あなたが日本人になりたいのであれば、なっていいのですよ。日本という国はあなたを喜んで迎えてくれます。

いや、これは違いますね。反対です。たいていの人は骨の髄まで日本人である。正真正銘の在日日本人だ。あなたは何の疑いも持たずに在日日本人として生きているが、わたしはあなたのそのような生き方にクレームをつけているのです。ゴータマの大提言に従って、さっさと日本国籍を離脱し、在日仏国人になりなさいとすすめているのである。

では、なぜ、そんなすすめをするのか？

それは、昨今の日本人の生き方が完全におかしくなっているからである。少し昔、外国人が日本人のことを〝エコノミック・アニマル〟と呼んだ。それを日本人は〝経済的動物〟と訳したが、とんでもない誤訳である。〝アニマル〟は「畜生」の意であり、外国人は日本人を人間とは見ていないのである。〝エコノミック・アニマル〟は「金の亡者」と訳したほうがよい。金・かね・カネと、金の亡者の生き方をしている。それが日本人だ。だから、わたしたちは日本国籍を捨てて「在日仏国人」になろう。それがゴータマの大提言である。

消火活動に協力する義務はあるか?

さて、日本国籍から離脱して在日仏国人となったわれわれには、日本という母屋が火事になっても、その消火活動を手伝う義務はない。火の粉の飛んで来ない安全地帯に逃げ出して、高見の見物をしていればよいのだ。

下手に消火活動を手伝うと、火傷をする危険がありますよ。

だが、わたしがこういうふうに言えば、わたしは非難・中傷の集中砲火を浴びそうだ。非難・中傷にわたしは慣れているが、まあ、少しは弁明をしておこう。

まず、素人が消火活動を手伝うことは危険だ。「小火《ぼや》程度の火災はともかく、大きな火災になれば、消火活動はわれわれ専門家にまかせてほしい。素人に下手に手を出されると、邪魔になることが多いですね。それにだいいち危険ですよ」と、消防庁の人が言っておられた。ましてや日本という国家が大火事になっているのである。その火事を消すにはどうしたらよいか、われわれ素人には分からぬ。専門家である政治家にまかせるべきだ。

そして、われわれはそのために政治家を雇っているのである。政治家も官僚も税金で雇われた人間だ。彼らは公務員だ。公僕だ。〝パブリック・サーヴァント〟は召使いだ。われわれが主人である。主人が給料を払って、彼らに消火活動をやらせているのである。主人が召使いの仕事を手伝う必要はない。主人は彼らの仕事ぶりを監督していればよい。

そして、もしも彼らが、自分たちの力では消火活動ができないと言うのであれば、すぐさま彼らを解雇して、別の政治家を雇えばよい。そのために選挙があるのである。

それから、もう一つ。わたしは、日本という国は大火事になっていると思っているが、それを認めぬ者がいる。そういう連中は、自殺者が年間三万人を超えているのに——それが大火事である証拠——、そういう日本を、

——美しい国——

だとほざいているのである。ということは、わたしが「火事」と見るものを、彼らは「花火」と見ているのであろう。であれば、わたしが火の粉の飛んで来ない所まで逃げて、

「花火」の高見の見物を始めても、彼らは文句を言えない。むしろわたしの態度を喜んでくれるだろう。

ついでに言っておく。最近の保守主義者の言う「愛国心」とは、その程度のものである。その程度と言うのは、「火事」を「花火」と呼んで悦に入っているのだ。

考えてみてほしい。フランス革命のとき、フランスの市民たちは革命を起こして、フランスを住み良い国にしようとした。わたしはそれが愛国心だと思う。つまり、人間が住み良い社会をつくるのが愛国心である。その一方で、ギロチンで処刑になった、フランス王ルイ十六世の妃のマリー・アントワネット（一七五五〜九三）は、国民の大勢がパンが食べられないで苦しんでいると聞いて、

「あら、パンがなければお菓子を食べればいいのに……」

と言ったそうだ。「パン」を「お菓子」と言い換えるのが、彼女の愛国心である。日本の保守主義者の愛国心と五十歩百歩である。

わたしは、日本を畜生ではない本当の人間が住み良い共同体にするのが真の愛国心だと思う。

話がちょっと横に逸れたようだ。ともかく、われわれ在日仏国人は消火活動に協力する義務はない。それからまた、変な保守主義者が提唱するおかしな愛国心に付き合う必要は

ない。わたしたちが愛するのは仏国土である。極楽世界である。この娑婆世界は汚い世界だから、そんな世界を愛してはならない。こんな世界に執着すれば、その人は人間でなくなり畜生になってしまう。

じつは、仏教では、そのことを、

——厭離穢土《おんりえど》・欣求浄土《ごんぐじょうど》——

と言っている。この娑婆世界は穢《けが》れた土地であるから、それを厭《いと》い離れねばならない。そして、清浄な国土である極楽世界を欣求（切望）せねばならない。そういう意味だ。変な愛国心を持つと、われわれは在日仏国人ではなくなってしまう。そのことをしっかりと確認しておきたい。

納税と兵役と教育の義務

しかし、在日仏国人には消火活動を手伝う義務はないが、ほかに大事な義務がある。それは、

——納税の義務——

である。われわれはそのことを忘れてはならない。

もっとも、これは、こういうふうに「納税の義務」を強調しておけば、体制側の連中も無闇にわたしを非難できないだろうと思って書いたのであって、本当にわたしの言いたいことはこれとは逆の表現になる。わたしが本当に言いたいことは、

——われわれは納税の義務さえ果たしておけば、日本という国家に忠誠を尽くす必要はない。つまり、在日仏国人として生きることが許される——

ということである。いずれにしても、われわれ在日仏国人にも納税の義務は課されていることにまちがいはない。

では、そのほかの義務はないのか？

昔の日本には兵役の義務があった。しかし、現在の日本には兵役の義務はない。

もう一つ、教育の義務がある。この教育の義務については、第I部・第2章で検討しておいた。たしかに、親はわが子を一人前の人間に育てる義務がある。その意味ではわが子に教育する義務はあるけれども、体制側が自分たちの都合のいいように組織した学校にわが子を行かせる義務はない。つまり、学校教育の義務はないのである。わたしはそう思う。

したがって、在日仏国人は、体制側のつくった学校にわが子を通わせないほうがいいのである。ただし、ここでいう学校とは、いわゆる義務教育と呼ばれている小中学校の学校であって、義務づけられていない高校や大学のことではない。

だって、体制側がつくった学校では、子どもたちが食事の前に「いただきます」と言うことを禁じている所もあるそうだ。「給食費を払っているのだから〝いただきます〟と言う必要はない」という親からのクレームがあったから、そのようにしたらしい。そこで、教師が「イチ、ニイのサン」の合図で食事を始めたり、笛を「ピッ」と鳴らして食事の開始を告げるようだ。これじゃあ、まるで軍隊である。前にも述べたが、義務教育の学校教育は「良き兵士」をつくるための教育である。このことも、それを立証してくれる。わたしであれば、犬に物を食わせるような、そんな学校に子どもをやりたくない。在日仏国人であれば、食事の前にはちゃんと手を合わせて、仏に感謝しながら食事をいただく、そんな子どもになってほしい。

でも、誤解しないでほしい。わたしは、「給食費を払っているのに、なぜ〝いただきます〟と言わないといけないのか?!」とクレームをつける親がまちがっていると言うのではない。いかなる意見を持とうと、それはその人の自由である。問題は、「いただきます」をやめて笛を合図にすることだ。人間を犬並みに扱う態度がいけない。なぜ、自由にしないのか?!　というのがわたしの腹立ちである。何も言わずに食い始める子どもがいたっていい。「食うぞ!」と言って食い始める子がいてもいい。また、わが家では、「この食《じき》は、ほとけの恵み、命の糧《かて》を、心楽しくいただきます」

といった食作法《じきさほう》によっているが、そういう子どもがいたっていいのだ。自由にすべきだ。わたしはそれを言いたいのである。

けれども。

わたしの提言（わたしの提言はゴータマの大提言にもとづいている）に賛同して、読者は早急にこれを実践に移してはいけない。読者がわが子を義務教育の学校に通わせなければ、ものすごいバッシングを受ける。おやめになったほうがよい。読者は、わが子をいちおうは学校に通わせながら、心の中で学校教育を馬鹿にすればよい。それが在日仏国人の態度である。

そういえば、フランスの啓蒙思想家のジャン・ジャック・ルソー（一七一二～七八）には、『エミール』という自由主義教育を説いた著作がある。その『エミール』を読んだ人が、

「わたしは先生の教育論に共鳴し、先生の言われる通りに子どもを育てました」

と言った。すると、ルソーは憮然《ぶぜん》としてこう答えたという。

「それはお気の毒なことをしました」

木村尚三郎『ヨーロッパ文化史散歩』（音楽之友社、一九八二）に出てくる話であるが、木村も言っているように、たぶんこれは作り話であろう。しかし、読者がひろさちやに共鳴して、ひろさちやの言う通りに実践されたら、わたしもまた、

「それは、お気の毒に……」

と言わざるを得ないのである。

ゴータマの大提言

4 自分を縛る縄をなうな!

法律に従う義務はあるのか?

義務といえば、「法律に従う義務」があるのではないか、と言い出す人が必ず現われる。いくら在日仏国人を主張しても、日本という国に住んでいる以上は、日本の法律に従わねばならない、という理屈である。だが、その人は、法律が何であるか、皆目分かっていないのである。

多くの人が勘違いをしているが、法律は、「人を殺してはいけない」とは言っていない。高校生がテレビで、「なぜ人を殺してはいけないのか?」と尋ねて、おとなたちを啞然とさせたらしい。おとなたちは、「そんなの、分かりきったことだ」と思っているが、それならなぜ日本では死刑があるのか?! あれは国家による殺人である。歳末になると、映画やテレビで「忠臣蔵」が演じられるが、あれは四十七人の殺人集団である。あのような法を無視した殺人集団に拍手しておいて、どの面下《つら》げて「人を殺してはいけない」と言うのか?! わたしは、疑問を呈した高校生のほうがまともだと思う。
戦争において、武器を持つ敵兵を殺すのは犯罪行為ではないという。でも、広島や長崎で普通に生活していた無辜《むこ》の市民を原爆でもって殺したアメリカ人の行為は、犯罪行為でないと言うのか?!
いや、そもそも、犯罪行為をしてはならないという主張自体がおかしい。犯罪行為をしてはならないのであれば、どうして法律はペナルティー（罰則）を定めているのか?!
たとえば、「刑法」第一九九条は、
《人を殺した者は、死刑又は無期若しくは五年以上の懲役に処する》
とある。また、同じく第二三五条は、
《他人の財物を窃取《せっしゅ》した者は、窃盗の罪とし、十年以下の懲役又は五十万円以下の罰金に処する》
と定めている。これは、読み方によっては、罰則さえ覚悟すれば殺人や窃盗をやってもいいことになる。事実、「死刑になりたい」と言って無差別殺人をやった者もいるし、空き巣狙いの泥棒は捕まりさえしなければよいと思って犯行に及んでいる。
論理的には、法律は犯罪行為をしてはいけない、とは言っていない。ただし、わたしが言っているのは「論理的」であって、「倫理的」ではない。倫理的に犯罪行為が許されるか否か、それは別の問題である。

そうだとすれば、われわれに「法律に従う義務」があるといった主張は、どういう意味であろうか？　それは、論理的には、自分がやった犯罪が発覚し、「刑法」その他の法律にもとづいて審理がなされ、裁判所が特定の判決を下した場合、われわれはそれに従わねばならない、といった意味だ。でも、それは「従う」ことではない。従うも従わざるも、法は執行されるのであって、われわれはそれから逃げるわけにはいかない。だから、「法律に従う義務」なんてないのだ。それが論理的結論である。

政治家の道義的責任を誰が判断するか？

では、もう一つの「倫理的」な問題はどうか……？

おもしろい事件がある。二〇一〇年二月五日の「朝日新聞」に載った、いわゆる識者の談話である。事件は、当時は野党であった民主党の小沢一郎氏を東京地検特捜部が政治資金規正法違反で捜査し、結局は立件できずに不起訴処分にしたことである。それに対して、元東京地検特捜部長の宗像紀夫《むなかたのりお》氏は、

《勝負という見方は適切でないかもしれないが、あえて「小沢氏対検察」という構図でとらえるなら、実質的に特捜部側の敗北と言えるだろう。》

とコメントしている。もちろん、反対意見もあるであろうが、わたしは、これが法律家としてのまともな意見であると思う。

ところが、それに対して作家の高村薫氏は、

《小沢一郎・民主党幹事長の不起訴処分は、公判で有罪を立証するに足る証拠を、検察が得られなかった結果に過ぎない。不起訴すなわち潔白ということにはならない。》

といった発言をしている。これは恐ろしい意見だ。完全に法律を無視した意見であり、こんな意見が大新聞の権威によって国民に植えつけられるなら、日本は法治国家でなくなってしまう。

もう少し、高村氏の意見を引用しておく。

《……しかし、秘書の虚偽記載への、小沢氏の関与の有無にかかわらず、関与が疑われたこと自体が深刻に受け止められてしかるべきだろう。

またさらに、小沢氏は秘書たちが自分のために被告人になった事実に対して、大きな道義的責任がある。秘書らが3人とも逮捕、起訴されてなお、雇い主の政治家が自身の潔白を言うのは、常識的に許されることではない。》

高村氏は暴論を言っている。「関与の有無にかかわらず、関与が疑われた」だけで責任が問われる、と言っているのだ。つまり、罪があろうとなかろうと、警察や検察が疑っただけで怪しいと言うのである。このような考え方が多くの冤罪事件を生み出したのではないか。法治国家であれば、「疑わしきは罰せず」であり、また有罪が立証されないかぎり「無罪」(!)なのである。

それから、高村氏は「常識」を振り回しているが、あなたの常識はわたしの非常識である。そして、わたしの常識はあなたにとって「とんでもない非常識な意見」であろう。「常識」を振り回されては困るのだ。

それから、高村氏は政治家の「道義的責任」を言っておられる。わたしは、政治家に道義的責任がないと言っているのではない。もちろん、政治家には政治家としての道義的責任はある。しかし、それは、財界人には財界人としての道義的責任があるのと同じであり、また作家には作家としての道義的責任があるのと同じだ。

問題は、その道義的責任は、どのようなかたちで問われるべきか、である。作家の道義的責任を右翼の人間がテロでもって追究してよいか?! それはよくない。作家の道義的責任を問いたいのであれば、われわれがその人の本を買わない、といったかたちでしか問えない。脅迫電話をかけたりするのはもってのほかである。

それと同じく、政治家の道義的責任は、選挙民が選挙でもってしか問えない。また、そういうかたちで政治家の道義的責任を問うのがデモクラシーの原則である。だとすると、小沢氏はあの事件のあとで、検察が不起訴の処分をするより前に、選挙によって当選している。だから、選挙民は、小沢氏に道義的責任がないと判断したのだ。その選挙民の判断を「まちがっている」と主張する権利は、高村氏にはない。もしも高村氏がそう主張したいなら、あなたは次の選挙で小沢氏と同じ選挙区から立候補して、あなたの主張が正しいか否かを選挙民に判断してもらうとよい。

まあ、ともかく、政治家に道義的責任はないわけではない。あるにきまっている。しかし、その道義的責任は誰が判断するのか？　少なくとも検察や裁判所でないことだけは確実である。そこのところをまちがってはいけない。

勝ち組と利益を守るためにある常識

だが、政治家の問題はこれくらいにしておこう。

問題は、われわれ普通の市民の道義的責任である。果たして、一般市民に道義的責任はあるだろうか……？

「ない」とわたしは断言する。あってはたまらないからである。

そもそも、われわれ庶民にとっての道義的責任とは何か？　われわれには、国家を護持する責任なんてない。なぜなら、われわれに国家を動かす権限がないからである。権限を持つ者だけが義務を負うのである。

それとも、われわれが国家の言いなりになる人間になるべき義務があると言うのか?!「国家のために命を投げ出せ！」と言うのか?!　命を投げ出すべき人間は、国家から金を貰っている奴だ。われわれは税金を払っている。その税金でもって、われわれは公務員の「時間」を買っているのである。その「時間」を積聚《せきしゅう》したものが命である。ということは、われわれは税金を払って政治家たちの命を買っているのである。わたしたちは買い手であって、買い手が命を投げ出す必要はないのである。

それから、高村薫氏の言っておられる「常識」というものをもう一度考えてみよう。

常識というものは、国によって、また時代によって違うものだ。われわれ日本人は、食卓に出された食べ物は全部食べないといけないと思っている。「食べ残してはいけない」というのが日本人の常識である。だが、この常識はほとんどの国で通じない。中国にしろインドにしろ、また欧米やアラブの諸国では、客を招いたときには、客が食べ切れないほどの料理を出すのが持て成しの常識である。だから、出された物を全部食べてしまえば、

「おまえはケチだ！　こんなに少ししか料理を出さないのか?!」

と、皮肉を言っていることになる。つまり、日本人の常識は諸外国における非常識である。

時代によって常識が変わるのも、説明不要であろう。わたしの幼年期（一九四〇年代）は、「贅沢は敵だ！」が日本人の常識であった。そして、「欲シガリマセン、勝ツマデハ」と教え込まれた。「勝ツマデハ」というのは、日本が英米との戦争に勝利をおさめるまではの意。しかし、日本がアメリカやイギリスと戦争をしていたことさえ知らない若者もいるようだ。常識が常識でなくなったわけだ。だから、「贅沢は敵だ」が「贅沢は素敵だ」と変わってしまったのも当然である。そして、その常識が再び「贅沢は敵だ」に逆戻りするのも、もうすぐである。ただし、これはゴータマの大予言ではなく、ひろさちやの小予言である。

それから、もう一つ。常識というものは、それぞれの時代の勝者が、自己の利益を守るためにつくったものであることを忘れてはならない。勝者は、たまたま勝者になったにすぎない。しかし、自分たちの成功を「たまたま」「偶然」のせいにされると、勝者の権威がなくなる。そこで彼らは、自分たちの成功を、

――努力――

のせいにする。そうして、「努力すれば成功する」といった神話＝常識をこしらえあげ、それを世の中に定着させる。それが定着すれば、負け組の人間に、

「おまえたちは努力しないから成功しないのだ。おまえたちが負け組でいるのは、自己責任である」

と思い込ませることができる。それによって、負け組の反抗心を抑え付けることができるのである。だが、「努力すれば成功する」といった神話＝常識もまちがっているが、かりにそれが正しいとしても、「努力しないから成功しない」という命題はそこからは導き出せない。しかし勝ち組は、まちがっていようがなかろうが、そういう常識をこしらえあげて負け組の反抗心を抑え付けるのだ。

常識というものは、そういうものである。

世間の常識や道徳に縛られるな！

もう一つ、道徳というものもいかがわしいものである。

——道徳は、強者が弱者を支配するための道具である——

わたしはそう思っている。

たとえば、社長と社員が待ち合せをする。そのとき、社員のほうが遅刻をすれば、彼は糾弾される。場合によっては首切りになることもある。

だが、社長が遅れた場合はどうか？　たいていは、

「待たせたね」

ですんでしまう。謝罪すらしない。なぜなら、社長が遅れたのはのっぴきならぬ事情があって、遅れざるをえなかったからである。だから、社長は、自分の遅刻を悪いことだと思っていない。謝罪する必要なんてないのだ。

それなら、社員の遅刻だって、ほとんどの場合、のっぴきならぬ事情がある。しかし、彼がその事情を説明し、釈明しようとすれば、

「きみは、自分のミスを認めないのか?!」

と、かえって社長の怒りを増大させることになる。それゆえ、黙って頭を下げているほうが無難である。と言いたいところだが、そうすると、逆に「ふて腐れている」と非難されることもあるから気を付けたほうがよい。

まあ、要するに、弱者はいつだって道徳の名によって非難され、強者には道徳は適用されない。学校で生徒の遅刻は非難されるが、教員の遅刻は大目に見られる。嘘をつくことだって同じ。子どもがついた嘘は親子から糾弾されるが、親がついた嘘は、

「あれは、嘘をつかざるをえなかったのだ」

ということで是認される。

まあ、道徳とはそういうものだ。

したがって、われわれは、あまり道徳を言わないことにしよう。道徳に縛られる必要はない。

ただし、この点についても、注意が必要だ。われわれがわざわざ反道徳的に振舞えば、社会からバッシングを受ける。そんなことをしてはいけない。ただ心の中で、世間の常識や道徳を馬鹿にしていればいいのだ。それはゴータマの大提言1の「世間を馬鹿にせよ」から導き出される態度である。つまり、常識や道徳といったものは、所詮は世間（世間のうちでも、とくに勝ち組の連中）がこしらえあげたものであり、そしてわれわれに押し付けたものである。そのことさえ分かっていれば、世間の常識や道徳に縛られる度合いが小さくなる。それで十分である。わざわざ世間の常識や道徳に盾突く必要はない。いや、盾突いてはいけない。その点を忠告しておく。

われわれは世間という監獄の囚人であるが……

ここでゴータマの大提言を聞いてみよう。

MGD財閥の会長のノートには、ゴータマが語ったさまざまな言葉が書き留められている。そのうちには、世間の常識や道徳に関係したものがある。少し書き出してみる。

＊「あなたはあなたの人生を生きているのだ。誰に遠慮するのか?! 世間のことなど、気にするな！」

——まあ、これは、「世間を馬鹿にせよ」というゴータマの大提言1と同じである。

＊「王様には七分の理窟、泥棒には六分の理窟」

——これは、日本のことわざの「盗人《ぬすっと》にも三分の理」と同じである。日本のことわざは、盗みという悪事にも三分ぐらいの理窟が付けられると言っているが、ゴータマはその倍の六分の理窟があると主張する。それよりおもしろいのは、為政者（王様）の理窟は泥棒よりもたった一分だけ多いことだ。ということは、為政者も泥棒も、所詮は五十歩百歩である。それほど違いはないのである。

そういえば、仏教の経典では、われわれが人生において遭遇するさまざまな災難を列挙し、火災や水難等のあとで盗賊の難を挙げ、その盗賊の難のあとに国王の難を言っている。ということは、泥棒と国王は親類みたいなものである。国王は税金泥棒なのだ。泥棒が出世すれば国王になる。そう思えば、愛国心なんてちゃんちゃらおかしい。

＊「世間の有象無象が〝成功〟と呼ぶものに騙されて、あなたは〝成功〟を求めてはならない」

＊「〝幸福〟を求める人間は、〝幸福〟を求めるそのことが〝不幸〟であることを忘れている」

＊「求めてはいけない。求めることによって不足が生じる」

――われわれは、足りないから求める、と思っている。しかし、本当はそれは逆なのだ。求めるから足りなくなるのだ。

あなたは、いま、自分が「不幸」だと思っている。そう思うから、幸福になりたいと願う。幸福になりたいというその願望が、じつはあなたをますます不幸にする。しかも、いくら幸福になりたいと願っても、それで幸福になれるわけがない。願えば願うほど、ますます不幸になり、そしてますます願望が強くなる。

出発点でまちがっているのだ。出発点というのは、あなたが自分は「不幸」だと自己認識をしたところである。そうではなしに、あなたが、〈自分はそこそこ幸福である〉と自己認識をすれば、「幸福」を求めずにいられるから、あなたは「不幸」でなくなる。ゴータマはそれを言っているのだ。MGD財閥の元会長は、人生の最終段階にあって、息子にすべての実権を奪われ、人々が〝座敷牢〟と呼んでいる名誉顧問室に幽閉されていた。それを彼が「不幸」と認識すれば、彼は不幸になる。しかし、かれは時たまやって来る風来坊のゴータマを迎えて、浮世を離れた清談を楽しんでいた。そういう折にゴータマが発した言葉がこれらである。まあ、彼は、その意味ではほどほどに幸せであったのだろう。

わたしがおもしろいと思うのは、このゴータマの言葉は、イエスと正反対である点だ。イエスは言っている。

《求めよ、そうすれば、与えられるであろう》（「マタイによる福音書」七）

と。もっとも、イエスが言うのは神への祈りであって、人間の欲望ではない。だから、文脈が違っているので、言葉だけで比較してはいけないのであるが……。

＊「囚人は、自分がなった縄で自分を縛る」

――われわれは世間という監獄に入れられた囚人である。しかし、精神の自由さえ持っていれば、世間に縛られずにすむ。ところが、囚人の多くは、自分で自分を監獄の中に閉じ込めている。ゴータマはそれを笑っているのである。

そこで、われわれは、この言葉をもってゴータマの大提言としよう。すなわち、

――自分を縛る縄をなうな！――

である。常識や道徳といったものは、自分を縛る縄である。幸福になりたいといった願望も縄だ。そんなものは捨ててしまえ！　ゴータマはそう忠告してくれているのである。

ゴータマの大提言

5 怠け者になりなさい

怠け者のすすめ

「そなたの生活費はどこから得ているのか？　まさか霞《かすみ》を食って生きているわけではあるまい……？」

「いや、その霞を食っているのです」

雨季に入ってしばらくして、ゴータマがMGD財閥の元会長を訪ねてやって来た。

ゴータマは一所不住の男である。一年の大半を旅に過ごしている。MGD財閥の会長（当時は会長であった）がゴータマに一軒の家を与えたが、彼はそこに定住することはない。インドのガンジス河の中流域のあちこちの町や村に旅をしている。ただし、雨季の三か月間は、彼は「定住」の家に帰って来る。そして、時たまMGD財閥の名誉顧問室に顔を出す。

そして、二人は取留めもない雑談・清談・閑談にふける。

ＭＧＤ財閥の会長（元会長であり、いまは名誉顧問であるが、いちいち使い分けるのも面倒だから会長にしておく）は、その対談のうちの印象に残る言葉をノートに書き留めている。しかし、書き留められた言葉は断片的なものであり、筋が通っていない。そこでわたしは自分の想像を交《まじ》えながら、あるときに二人の会話を復元してみた。

会長は冗談半分に、おまえは霞を食って生きているのかと問い、ゴータマも半分冗談に、わたしは霞を食って生きていると答えた。しかし、そのあとで、ゴータマは正直に告げている。

「ときどき、あちこちで講演を頼まれます」

「どんな話をするのか？」

「そうですね、思いついたままを喋るのですが、だいたいにおいて、

〝怠け者になりなさい〟

といったようなことを語ります。聞き手はたいてい、唖然としていますよ」

ゴータマはにこりと笑った。

「ほう、怠け者のすすめか……。で、どういう意味なんだ？　そなたの話は、逆説が多いからな……。逆説をまともに受けて、反感を持つ者もいるだろうな……」

「いえ、逆説ではありません。文字通り、怠け者になれ、と言っているのです」

「でも、普通は勤勉が美徳とされている。勤勉になれ！　努力せよ！　と説くのが常識であろう」

「世の中の常識がいつも正しいわけではありません。常識がまちがっていることのほうがむしろ多いのです」

「それはそうであった。いや、わしとしたことが、常識を振り回すとは愚かであった。で、教えてくれ、そなたの〝怠け者のすすめ〟の哲学を」

ということで、ゴータマはMGD財閥の会長に、独自の、

――「怠け者」の哲学――

を教示したようだ。それがどういう哲学であったか、なにせテープレコーダーなんてなかった時代だから、それをそっくりそのまま復元できない。で、わたしはわたしの言葉でもってそれを読者に伝えねばならないが、とりあえずここでゴータマの大提言を掲げておく。

――怠け者になりなさい――

でもね、どう考えてみても、これは逆説としか思えませんよね。

ラファルグの主張

だが、これは逆説ではない。じつは、ゴータマと同じ提言をする人がいる。それはポール・ラファルグ（一八四二〜一九一一）である。

といっても、最近はラファルグの名を知らない人が多くなった。彼は、キューバ生まれのフランスの社会主義者である。学生時代から社会主義運動に入り、大学を追われてロンドンに移り、そこでカール・マルクス（一八一八〜八三）と出会う。そして、マルクスの次女のラウラと結婚した。第一インターナショナルに参加し、またパリ・コミューンで活動するが、それに敗北したあとスペインに亡命。一八八一年に帰国してフランス労働党を結成し、指導者となった。ともかく、ちゃきちゃきの社会主義者である。

そのポール・ラファルグに『怠ける権利』（田淵晋也訳、平凡社）といった著作がある。滅法おもしろい本である。

彼は、一八四八年の二月革命においてフランスの労働者たちが「労働の権利」を要求したが、あれはまちがいであったと言うのだ。「労働の権利」ではなしに「怠ける権利」を要求すべきであった。「怠ける権利」こそが、真に高貴で神聖な権利である。そんなふうに言っている。

《働け、働け、昼夜を問わず。働くことによって、おまえたちは貧乏を深める》

《働け、働け、プロレタリアート諸君。社会の富と、君たち個人の悲惨を大きくするために。働け、働け、もっと貧乏になって、さらに働き、惨めになる理由をふやすために》

われわれは貧乏から逃れるために働くと思っている。しかし、ラファルグによると、それはあべこべであるらしい。われわれは働けば働くほど、ますます貧乏になるというのだ。それは、われわれの実感でもある。歌人の石川啄木（一八八六～一九一二）は、

《はたらけど
はたらけど猶《なお》わが生活楽《くらしらく》にならざり
ぢっと手を見る》（『一握の砂』）

と歌ったが、これは昔の日本だけではない。二十一世紀の日本においても、啄木の嘆きはそのまま通じる。いや、むしろ現代のほうが悲哀が大きい。

労働者がまじめに働くと失業者が増える

では、働けば働くほど、われわれはなぜ貧しくなるのか？

経済学者でなくても、それは簡単に説明できる。

わたしは、ことあるごとに次のような質問をする。

——二人に一個しかパンがない。どうすればよいか？——

回答を四つ用意する。

Ａ　半分こして食べる。

Ｂ　一人が食べて、一人は食べない。

Ｃ　二人とも食べない。

Ｄ　なんらかの方法によってパンを増やす。

この設問に対して、圧倒的多数がＡを支持する。Ｄを支持する者が少しはいて、ＢやＣを支持する者は少ない。

だが、この設問を少し変えると、「二人に一人分の仕事しかない。どうすればよいか？」となる。で、パンの場合にＡを支持した人は、この設問に対してやはり「仕事を半分ずつに分ける」と答えるだろうか？　パンの場合もそうであるが、一つのパンを二人で分けて食べると、満足できないことを承知の上でＡを指示したはずだ。仕事の場合も同じであって、二人に一人分の仕事しかないのであるから、それを二人で分け合えば給料が半分になる。給料が半分になることを覚悟の上で、なおかつ半分こできるだろうか？「できる」

と答えられる人は、よほどのヒューマニストである。

しかしながら、日本は資本主義社会である。この資本主義社会においては、Aの「半分こ」の論理は通用しない。大企業の経営者は、そこでBの論理を採用する。すなわち、一人の人間を失業させるのだ。そして、一人を残す。

なぜか？　たとえ給料を半分にしても、二人の社員を雇用すると、必要経費が増えるからである。早い話が、通勤の交通費が倍になる。会社とすれば、社員を一人にし、一人は首を切ったほうが安上がりになる。

これが、じつは「資本の論理」なのである。

いま、話を、二人に一人分の仕事しかない不況時に設定してみたが、これは不況時にかぎった話ではない。好況のときであっても、たとえば会社が十人の社員を雇える状況にあっても、給料を一・五倍にして社員を五人にしたほうが、会社としては利益が大きくなるのだ。社員は一・五倍の給料を貰える代わりに、二倍の仕事量を課せられるのである。

ということは、あなたが通常の二倍の仕事をすることによって（つまり、働けば働くほど）、あなたは五人の社員の首切りに荷担していることになる。

しかも、ですよ、首を切られた五人は、失業保険を貰うか生活保護を受ける。その生活保護費は、あなたが支払った税金でもって支給されるのである。では、あなたはどれだけの税金を支払わねばならないか？　そこのところは経済学者でないわたしには細かな計算はできないが、首切られた五人もあなたと同じレベルの生活が保証されているとすれば、あなたは給料アップした〇・五倍分を吐き出させられることになるであろう。そうすると、次のようになる。

十人がそれぞれ一倍分の給料で働いた場合、仕事量は一人あたり一になる。

十人のうちの五人が首切られた場合、残った五人は一・五倍の給料を貰って、前の場合の二倍の仕事をせねばならなくなる。しかも、アップした給料はそっくり税金でとられてしまう。すると、あなたの給料は結局は同じで、あなたは倍働かされることになる。

つまり、労働者が働けば働くほど首を切られる人間が増加し、結果的に労働者全体が貧しくなってしまう。

だから、ポール・ラファルグは、労働者が働く権利を要求したのはまちがいであって、「怠ける権利」をこそ要求すべきであった、と主張したのである。

この主張、筋が通っていますよね。

労働時間の短縮が至上命令

しかも、現在は不況の時代である。日本ばかりでなく、世界の経済が全体的に破綻を来している。

いまこそ、ワークシェアリング（仕事の分かち合い）が必要である。

では、どうすればワークシェアリングが可能になるか……？

ワークシェアリングはヨーロッパにおいて導入が進んでいる。『ブリタニカ国際大百科事典』によると、フランスにおいては法定労働時間を週三十九時間から三十五時間に短縮することで、雇用の拡大に成功したそうだ。またオランダでは、パートタイムを「短時間を働く正規雇用労働者」と位置づけ、同一労働同一賃金の原則を徹底した結果、就業形態が多様化し、一九八〇年代半ばに一〇パーセントを超えていた失業率が二〇〇〇年には三パーセントまで低下したという。いずれも古い統計によるものであるが、ワークシェアリングというものが労働時間の短縮の上に成り立つものであることが、これらによって証明されている。

ということは、怠けることによってワークシェアリングが可能になるのだ。ポール・ラファルグの主張が正しい。

しかし、日本人は勤勉だ。怠けることを悪徳とする。もっとも、ラファルグが「怠ける権利」を言い出したのも、ヨーロッパにおいても怠けることが悪徳とされていたからであろう。だから、日本人だけが怠惰を悪徳とするわけではないが、その程度が問題だ。誰に教わったか忘れてしまったが、あるスペイン人が、

「労働者の勤務時間を一日四時間にしてほしい。そして、その四時間を、わたしの代わりに働いてくれる人がいれば理想的なんだがなあ……」

と言ったそうだ。自分の代わりに他人が働くのであれば、別段、一日八時間労働でもかまわないではないか、と言うと、スペイン人は、

「いくら他人に肩代わりしてもらっても、やはり労働時間の短縮が望ましい」

と答えた。怠けの思想がそこまで浸透しているのである。日本人は、とてもこうはいかない。

ともあれ、現在の日本の労働状況は、極端にいえば二人に一人分の仕事しかないありさまである。いや、三人に二人分、あるいは四人に三人分の仕事しかない。その数字は、経済学者でないわたしには分からない。けれども、百人に百人分の仕事がないことだけはまちがいない。そうだとすると、一人当たりの給料を減らして、そして労働時間を短縮すべきだ。わたしは、労働時間の短縮――つまり労働者の全員が怠けること――が、いまの日本においての至上命令だと思うが違うかしら……。

ところが、日本人は、それと反対をやっている。すなわち、雇用人数を減らして、一人

当りの勤務時間を増やし、給与の水準を保とうとする政策である。その結果、労働者はますます働かされ、過労になり、しかも失業者を税金でもって養わねばならないから、その分だけ生活費が削減されて生活が苦しくなる。そんな馬鹿なことをやっているのである、日本という国は……。

ポール・ラファルグの「怠惰の哲学」こそ、現代の日本人が真剣に学ばねばならない哲学だ。いや、われわれは、ラファルグよりもゴータマの大提言に従うべきだ。

仏教の教える「少欲知足」

そのゴータマの大提言――怠け者になりなさい――を、次にわれわれは仏教の思想のほうから検討してみよう。

じつは、仏教には、

――少欲知足――

といった教えがある。あなたの欲望を少なくし、足るを知る心を持て！　という教えである。これがゴータマの大提言を裏付けている。

先に、「二人に一個しかパンがないとき、どうすればよいか？」という設問をした。それに対するAの「半分こする」もDの「パンを増やす」といった回答は、いずれもパンを食べたいという欲望にもとづく方策である。また、Bの「一人が食べて、一人は食べない」も、他人に食べさせずに自分が食べたいという欲望にもとづいている。しかし、われわれは第I部の「ゴータマの大予言」において、ゴータマが、

――欲望は危険である――

といった基本原理を提示していることを明らかにした。だから、「二人に一個しかパンがない」という状況において、AやBやDの選択肢は危険である。

そこで残るのはCだけである。つまり、「二人とも食べない」という選択肢。これだけが、「食べない」という考え方になっている。

そして、これこそが「少欲知足」なのだ。

もっとも、パンであれば、二人とも食べないでパンを捨てるわけではない。まあ、捨ててしまって、二人で餓死してもよいが、せっかく一個のパンがあるのだから、それを半分こして食べたほうがよい。その意味では、結果的にはAの「半分こ」になるのだが、そのプロセスが違っている。いったんは「食べない」といったかたちで欲望を否定しておいたあとで半分こすれば、二人ともが感謝の心を持ち、満足することができる。しかし、最初の最初から「半分こ」するという選択肢を選んでしまうと、二人とも空腹になり、不満が

残る。

では、仕事の場合はどうか？　二人に一人分の仕事しかない場合、やはり二人がともにいったんは餓死を覚悟しないと、ワークシェアリングができない。頭の中だけでAの「半分こ」を選んでも、それを実際には実行できないのである。つまり、欲望を中心にすれば、どうしてもパンの奪い合い、仕事の奪い合いになってしまうのである。

われわれは、パンを分け合うと思っている。仕事を分け合うと思っている。だが、それはまちがいである。分け合うものは、苦しみであり悲しみである。パンが食べられないという苦しみ、失業するという悲しみを分け合うのだ。それがワークシェアリングの背後にある思想である。

だとすれば、われわれは勤勉であってはいけない。勤勉は欲望につながるからである。欲を少なくせよ——というのが仏教の教えである。それはつまりは「怠けよ」ということである。ゴータマの大提言は、仏教思想につながるものだ。

精神的貴族のすすめ

高校生がまじめに努力して一流大学に合格できた。周囲の人々は、彼に「おめでとう」

と祝福の言葉を贈る。それはそれでいい。彼が合格できたのは、たしかに祝福に値する。だが、考えてほしいのは、彼が合格することによって、確実に一人の人間が不合格になっていることである。

それゆえ、彼は合格すべきでなかった。と、そんなことをわたしは言っているのではない。

ただ、一人の成功者の背後には、数多くの失敗者・落伍者の無念があることを知っておいてほしいのだ。それゆえ、成功者は自己の成功を誇ってはならない。ましてや、落伍者を蔑むなどはもってのほかである。

だが、刻苦勉励の努力でもって成功を獲得した人間（いわゆる成り上がり者）は、どうしても自分の努力を誇るようになる。

〈俺は努力したから成功したのだ。きみたちももっと努力すればいいではないか。きみたちが落伍者でいるのは努力が足りないからだ。要するに自己責任である〉

と思ってしまう。負け組に対する思い遣りの心がないからだ。

それにくらべると、貴族のほうが謙虚である。現在の日本には貴族と呼ばれる人はいないが、戦前の日本においては、だいたいにおいて貴族のほうが貧しい人々に対して思い遣りの心を持っていた。なぜかといえば、自分は生まれながらの貴族であるから、このように社会の陽の当たる場所にいることができるのだ、と知っていたからである。努力の結果手に入れたポストでないから、むしろ「努力」を軽んずることができるのだ。

まあ、ある意味で貴族というのは怠け者である。汗水たらして働いた人間は貴族になることはできない。

もっとも、われわれは貴族でないし、また貴族になることもできない。しかし、われわれだって、

——精神的貴族——

になることはできる。では、どうすれば、精神的貴族になれるか？

それは、ゴータマの大提言を学んで、怠け者になることである。がんばってはいけない。がんばることは欲望を剝き出しにすることだ。われわれは欲望を少なくして、のんびりと、ゆったりと暮らすことにしよう。そうすれば、われわれは精神的貴族になることができる。

これは反対の表現もできる。われわれは精神的貴族になることによって、「怠け者の哲学」を学び、立派な怠け者になれるのだ、と。

ともあれ、怠けよう。怠け者になってゆったりと人生を生きよう。たった一度しかない人生だから、馬車馬のように汗水たらして生きる生き方、働き蜂のようにただ働きづめに働くような生き方はやめよう。人間らしい生き方をしよう。貧しくたっていいではない

か⁈　のんびりと、ゆったりと、幸せを嚙み締めながら生きることができれば……。

（おわり）

ひろ　さちや

一九三六年（昭和十一年）、大阪市に生まれる。東京大学文学部印度哲学科卒業、東京大学大学院人文科学研究科印度哲学専攻博士課程修了。一九六五年から二十年間、気象大学校教授をつとめる。退職後、仏教をはじめとする宗教の解説書から、仏教的な生き方を綴るエッセイまで幅広く執筆するとともに、全国各地で講演活動をおこなう。厖大かつ多様で難解な仏教の教えを、逆説やユーモアを駆使して表現される筆致や語り口は、年齢・性別を超えて好評を博する。二〇二二年（令和四年）、逝去。

おもな著書に、『釈迦』『仏陀』『大乗仏教の真実』『ひろさちやのいきいき人生（全五巻）』（以上春秋社）、『お念仏とは何か』『禅がわかる本』（以上新潮選書）、『生き方、ちょっと変えてみよう』『のんびり、ゆったり、ほどほどに』『インド仏教思想史（上下巻）』『〈法華経〉の世界』『『法華経』日本語訳』『〈法華経〉の真実』『坐らぬ禅』（以上佼成出版社）などがある。

〈ゴータマ〉の大予言
みんなが「わたしの人生」を生きるために

2024年9月30日　初版第1刷発行

著　者　ひろさちや
発行者　中沢純一
発行所　株式会社佼成出版社
〒166-8535　東京都杉並区和田2-7-1
電話　(03) 5385-2317（編集）
(03) 5385-2323（販売）
URL　https://kosei-shuppan.co.jp/

印刷所　小宮山印刷株式会社
製本所　株式会社若林製本工場

◎落丁本・乱丁本はお取り替えいたします。

ISBN978-4-333-02920-4　C0015　NDC180/180P/19cm

「祖師を生きる」シリーズ【全8冊】

ひろさちや・著　◎四六判 ◎平均208頁 ◎定価 各1650円（税込）

平安・鎌倉時代に活躍した
祖師方と〈出会い直す〉ことが、
濁世《じょくせ》を生き抜く杖となる。

仏教を分かりやすく語り続けて半世紀――。
最新の仏教研究を踏まえて書き下ろされた
著者渾身のシリーズここに誕生。

【ラインナップ】
最澄を生きる
空海を生きる
法然を生きる
栄西を生きる
親鸞を生きる
道元を生きる
日蓮を生きる
一遍を生きる